主管：湖里区卫生和计划生育局

主　　编：黄　炜

副　主　编：丁红斌

编　　委：李　东　　李玉荣　　王　萍　　向常海

　　　　　曹信金　　吴月红　　柯春景　　肖　岗

　　　　　林国平　　黄　芸　　吴国生　　杨　芳

　　　　　李文东　　黄文选　　陈怡谋　　牟红艳

　　　　　林秀琳　　訾长海　　丁　铿

编辑部主任：李玉荣

美　术　编　辑：黄文选

校　　对：肖　岗

摄　　影：黄文选

图书在版编目(CIP)数据

湖里人口缘与梦. 第6辑/湖里区卫生和计划生育局编. —厦门：厦门大学出版社，2015.9
ISBN 978-7-5615-5744-0

Ⅰ. ①湖… Ⅱ. ①湖… Ⅲ. ①区(城市)－人口－工作－厦门市②区(城市)－计划生育－工作－厦门市 Ⅳ. ①C924.255.73

中国版本图书馆 CIP 数据核字(2015)第 219117 号

C0163-1-1

ISBN 978-7-5615-5744-0

9 787561 557440 >

厦门大学出版社出版发行

(地址:厦门市软件园二期望海路 39 号 邮编:361008)

http://www.xmupress.com

xmup@xmupress.com

厦门大嘉美印刷有限公司印刷

2015 年 9 月第 1 版 2015 年 9 月第 1 次印刷

开本:850×1168 1/32 印张:2.5

定价:5.00 元

目 录

目录
mù lù

厦湖府 ［2015］69 号

湖里区人民政府关于印发
湖里区独生子女家庭奖励扶持办法的通知

各街道办事处，区属各委、办、局，辖区各相关单位：

现将修订的《湖里区独生子女家庭奖励扶持办法》印发给你们，请认真贯彻执行。

湖里区人民政府

2015 年 6 月 4 日

湖里区独生子女家庭奖励扶持办法

为深入贯彻落实党的十八大精神，深化"生育文明·幸福家庭"创建活动，建立和完善人口和计划生育利益导向机制，加大对执行计划生育政策的独生子女家庭的奖励帮扶力度，激发广大群众自觉实行计划生育的积极性，根据《中华人民共和国人口和计划生育法》、《福建省人口和计划生育条例》、《中共福建省委、福建省人民政府关于坚持计划生育基本国策促进人口长期均衡发展的实施意见》（闽委发【2014】17 号）和《福建省人口计生领导小组办公室关于加强计划生育基层基础工作的实施意见》（闽人口领办【2014】8 号）精神，结合我区实际，特制定《湖里区独生子女家庭奖励扶持办法》。

一、奖励扶持对象

家庭成员户籍在湖里辖区，已领取《独生子女父母光荣证》或《独生子女证》的独生子女家庭。

二、奖励扶持内容

（一）就学扶持

1. 升学奖励。为鼓励独生子女积极上进、努力学习，对非低保家庭中的独生子女参加高考考上"985"或"211"大学的给予一次性奖励5000元；考入全日制研究生的给予一次性奖励10000元。

2. 圆梦帮扶。对低保家庭中的独生子女考上省一级重点高中的每年给予3000元帮扶，直至高中毕业（三年），考上普通高中或中专的每年给予2000元帮扶，直至高中或中专毕业（三年）；考上全日制本科学校的每年给予6000元的帮扶，直至大学毕业（四年），考上全日制专科学校的每年给予4000元的帮扶，直至毕业（三年）。

（二）就医扶持

3. 实施住院救助。属低保家庭的独生子女家庭成员患病住院的，扣除基本医疗保险报销金额后，按个人自付部分80%的比例给予救助（年累计救助不超过30000元）。

4. 实施意外伤害保险。每年为未成年独生子女家庭（独生子女未满18周岁）购买一份保费100元的计划生育家庭意外伤害保险。

（三）就业扶持

5. 扶持独生子女创业。"幸福工程"项目对独生子女家庭实施优先救助，个体救助资金为 2 万元，资金使用期限延长一年，资助困难独生子女家庭发展生产、创业。

6. 扶持独生子女就业。本区行政机关、事业单位招聘编外补充性工作人员或社区居委会招聘工作人员时，在同等条件下，优先录用独生子女及其父母。

（四）养老扶持

7. 实施养老补助。对子女无法在身边照顾的独生子女父母（指独生子女户籍、工作在本市以外的实际空巢老人），男、女方年满 60 周岁的，由政府为其购买家政服务，每周不少于 4 小时；自愿到养老机构居住、生活的，每人每月补助 1000 元；属于低保户的，每人每月补助 2000 元。

8. 实施奖励扶助。对年满 60 周岁、未纳入省制定的扶助政策扶助的独生子女父母每年给予 1800 元的奖励扶助。

9. 实施高龄补贴。对独生子女父母年满 80 周岁的、90 周岁、100 周岁的，每人每月分别发给 100 元、200 元、500 元的高龄补贴。高龄补贴与其他补助、救助、扶助金可叠加发放。

（五）特殊扶持

10. 实施意外紧急救助。独生子女家庭遭遇突发事件，造成财产重大损失、家庭成员重大伤害或重大疾病的，给予一次性紧急救助 10000 元；独生子女家庭成员死亡且家庭有遗属的，给予 5000 元的补助。

三、经费来源

11. 每年财政安排专项资金保障所需奖励扶助的经费支出。

四、发放方式

12. 符合条件的奖扶对象向户籍地所在社区提出申请，经公示无异议，报街道计生办复核公示后发放。

五、其他事项

13. 省、市出台的同类项目奖励扶持内容，按照就高标准的原则享受一次；所有奖励扶持项目在其他部门已享受的，不予重复享受。

14. 特殊扶助对象的帮扶按照厦府办【2013】213 号文执行，不适用本办法；本奖励扶持办法之外的其他奖扶政策，依照相关文件继续执行。

15. 本办法由湖里区卫生和计划生育局负责解释。

16. 本办法自 2015 年 7 月 1 日起正式实施。

抄送：市卫生计生委，区委、区人大、区政协、区纪委

湖里区人民政府办公室

2015 年 6 月 5 日印发

我的计生工作历程

殿前街道高殿社区　陈菊枝

我从 1998 年开始从事计划生育工作，是殿前街道高殿社区计生服务员、协会专职副会长，2012 年 7 月当选为社区居委会委员，分管高殿社区殿前、中埔片计划生育工作，主管计生协会工作。一路走来，风雨兼程，既经历了披星戴月、披荆斩棘的计划生育工作初期的艰难困苦，又享受了落英缤纷、果实累累的丰收喜悦。弹指一挥间，17 年过去了，我尝尽了计生工作的苦辣酸甜，也体会了计生工作的快慰与喜悦。

万事开头难。90 年代计划生育工作可用一个字来总结：难！

难在没有计生工作网络，没有技术服务队伍，没有健全的工作机制，没有计生信息电脑资料……所有的情况全靠走千家万户去掌握，思想工作靠千言万语来做通。要查找一个人，需翻遍手工台账，工作中经历了一次次刻骨铭心的撞击……

说真的，有时觉得那些顽固地违反计生政策的人，实在可气。但同时，我对这些人又充满同情和怜悯。面对愚昧无知但又善良的人们，我只有勤勉再勤勉，坚持不懈地努力，不断地寻求新的工作方法。功夫不负有心人，我终于在计生工作中有了新的突破。

工作虽艰辛，但收获的是喜悦。当我在报纸上看到中国开展计划生育工作 30 年少生 4 亿多人，使中国的 13 亿人口日和世界

60 亿人口日各推迟 4 年，成功改变了中国人口发展轨迹时，我的心灵受到极大的震撼；当我看到祖辈留下的破瓦房换上了新楼房，看到各家各户屋顶上瓜果压枝的绿化，看到各村的羊肠小道变成了宽阔的水泥道路，看到年轻的母亲没有因为生女孩而自卑时，我的心明朗了。

如今，齐抓共管的格局已形成，计生工作网络健全，长效管理机制落实，信息化管理规范，计生优惠政策兑现，计生工作迈入了康庄大道。

17 年斗转星移，我一直坚守在计划生育这个"天下第一难"的岗位上，对于每一项工作，我都倾注全部精力，力求完美。在我看来，只要是通过自己的努力能够做到的，再苦再累我都在所不辞。我可以问心无愧地说一声："我已把自己全部的心血，包括青春，奉献给了人口和计划生育事业。它使我在平凡的岗位上升华了自己的价值，教我看淡生活中的种种不快和失落。"还记得上个月我做了乳腺结节手术，街道、社区计生协会的领导来慰问我，同事们及群众也来看望我，我被感动了！从那刻开始我知道，在以后的工作中，我更要用感恩的心来从事计划生育工作，用知足常乐的心态来生活。是啊，现如今的我，有个疼我的老公，有两个懂事乖巧的女儿，从事着计划生育工作，接触着千百个家庭，并从中学习做人的道理，我还有什么不满足的？

回顾从业历程，也有太多的遗憾。悔青春时的莽撞，悔工作繁忙时的疏忽，悔人生苦短、精力不济，悔许多工作不尽如人意……但一想到有许多家庭由于我的努力得到了帮助、摆脱了贫穷、走向了幸福，便觉得自己又是成功的。

从"门外汉"到"门内清"

禾山街道岭下社区　黄冰文

"工欲善其事，必先利其器。"这句话我一直写在计生工作手册上作为自己的座右铭。只有熟练掌握国家计生政策法规，才能依法办事，才能宣传好党的计生政策；并且要在工作中加以综合运用，才能更好地为居民群众提供服务和帮助。

在还没有参加工作之前，我就听说计生工作是"天下第一难事"。当我真正做起计生工作后体会更深，计生工作工作量大，而且是一场"思想解放战争"。它挑战的是中国传统的生育文化，要改变的是"养儿防老"、"传宗接代"的落后思想。虽然社区经常开展关爱女孩行动，采取宣传栏、宣传挂图、横幅、宣传资料等多种形式，多渠道地宣传倡导科学文明进步和男女平等的婚育观念，营造新型婚育文化氛围，但是重男轻女的传统思想仍然存在于个别群众的心里，有个别群众不计成本、不计后果，一心想要生个男孩。记得2015年2月的一次孕情访视中，孕妇刘某是单独两孩政策实施后领取《再生育服务证》后怀孕的，刘某和我聊到："我已经有个大女儿了，很担心第二胎又是女儿。我想要生个儿子延续香火，传宗接代。"我告诉她："养儿防老是封建社会的封建思想，养儿防老的时代已经过去了，女儿也可以传宗接代，多子未必多福，只有优生，才能幸福一生。你现在要做的是，安心养胎，顺其自然生个健康聪明的宝宝才是最重要的。"

心中的使命感和责任感催促着我"彻底掐灭"刘某的"传宗接代"观念，为此我不计较个人得失，不厌其烦地多次上门做思想工作，用谈心、聊家常的形式向刘某劝说："女儿也能养老，生男生女顺其自然，男女共建社会才会和谐。"功夫不负有心人，经过我和风细雨地反复地做思想工作，刘某表示要摒弃旧观念，顺其自然，安心养胎。现在我和刘某成了好朋友，有心事她也会向我倾诉。传统的生育观念对于每一位计生工作者而言无疑是一种潜在的压力，但也是一种督促。要让居民群众接受计生政策并转变传统生育观念，需要我们不断地向群众宣传婚育新观念，以一颗诚挚的心，来服务我们的居民群众，去了解关心他们，想他们之所想，用行动感染人，用温情打动人，只有真正做他们的贴心人，才能在工作上得到他们的配合和帮助。

"得民心者得天下。"计生工作应该带着感情带着智慧去工作，了解群众的实际情况，帮助解决实际困难，用谈心的方式建立感情纽带。我认为计生工作应该围绕群众的生育、生活全方位服务，才能成为居民群众的"好朋友"。在 2015 年 3 月的一次药具随访入户中，得知育妇洪某的建材店生意没有往年的好，缺少资金增加经营品种。我主动告诉她：计生惠民政策项目里的"幸福工程"可以提供 2 万元 2 年免息资金帮扶计生户，我可以把你的情况告知计生协会小组长，推荐你申请。后来，洪某顺利通过申请，拿到了 2 万元幸福工程救助款。"好心有好报"，我的真心付出赢得了群众的信任和支持，也为日后更好地开展计生工作奠定了基础。一次偶遇，育妇洪某看到我眉开眼笑地说："计生政策好！你的宣传工作很到位。"短短的一句话，却是我精神上的鞭策，它激励着我更加努力工作，回报居民群众。

"一切从群众的利益出。"在工作过程中，我深深体会到：计划生育工作应与重视妇女健康并重，重视妇女身心健康，把服务工作做到家，为计生工作的开展提供保障。每年我们都要组织社区妇女参加妇科病普查，普查活动前，我们挨家挨户地发放免费检查通知单及妇科病普查注意事项，积极宣传普查时间及相关检查内容。通过参加妇科病普查，广大育龄妇女得以较早地发现问题，便于及时采取治疗措施，因此活动受到了广大妇女的欢迎，大家称赞普查活动组织宣传力度大，服务工作井然有序。

"恪尽职守。"免费孕前优生健康检查是出生缺陷一级预防的重要手段，是提高出生人口素质的关口。为了让群众能够了解和享受到国家的这项免费服务，工作上我积极宣传免费孕前优生健康检查。为了提高此项工作的知晓率，扩大宣传的覆盖面，我利用开展活动、入户、社区 LED 屏幕、电话联系等方式做宣传。并向群众介绍孕前优生健康检查的好处、服用叶酸的好处及时间，并详细告知免费孕前优生健康检查的服务地点、服务时间、服务对象、服务内容。让准备怀孕的夫妇及早获得科学知识，增强待孕夫妇参加免费孕前优生健康检查的主动性和自觉性。

"丰富自己，提升水平。"我深知学习是做好计生工作的基石。只有视野、知识面扩宽了，思想和业务水平才能更好地适应新形势新任务的需要，工作水平、工作决策能力、服务水平才能提升，才能更好地和居民沟通、拉近距离，为他们服务。我想，如果居民群众从心底接受了我，那么计生工作也会更加容易地开展。我平时会不断找机会给自己"充电"，在工作紧张之余报名参加"健康管理师"和"社会工作师"的培训。并利用工作之余学习《福建省计划生育管理条例》和《福建省村（居）人口与计划生育工作手册》法规以及优生优育、避孕节育、生殖健康保健等科普知识。

"一个篱笆三个桩，一个好汉三个帮"，"事成于和睦，力生于团结"。参加计生工作三年来，经过学习和摸索，我从"门外汉"变成"门内清"，每一步都离不开各级领导、同事们的关心与鼓励，离不开家人的支持。我深知计划生育工作不单单只是我一个人的事，文化、居住环境的差距，造成人们生育观念也不尽相同，计划生育工作讲究用心投入、齐心合力、相互学习、取长补短，才能将计生工作做好。工作中，我保持谦逊的态度，对领导多请示、多汇报，把工作做实做好；对同事多交流，提高工作水平；对群众将心比心，多了解、多倾听。

"情倾计生，无怨无悔。"我坚信计划生育工作是造福子孙后代、利在千秋的神圣工作。有幸成为一名计生服务员，我愿意一直保持着高度的热情和责任感，用信心与爱心服务居民群众，谱写更美好的明天。

居民健康的守门人

禾山街道禾盛社区　罗　菁

晚上 7 点，夜幕降临，酷暑的余热还未散尽，禾盛社区网格员、卫生服务中心医生和健康管理师一行走进书香佳缘小区古阿姨的家中，为古阿姨一家进行健康体检服务。

在大家的观念里，只有当疾病出现症状时才去就医，在病患急性期进行治疗。而短暂的诊疗，医生也只能诊断疾病，给予适当的医疗处置，而不能详细了解到病人生活的全貌，因此无法正本清源，从根本上照顾到个人的健康。《黄帝内经》中讲到"圣人不治已病治未病，不治已乱治未乱"，唐朝名医孙思邈也提出"上工治未病之病、中工治欲病之病、下工治已病之病"。"治未病"就是健康管理的精髓所在。健康管理师秉持"预防为主"的理念，对人群或个人健康和疾病进行建档、监测、分析、评估以及健康维护和健康促进。

从 2015 年 6 月起，禾盛社区开展厦门市首批"健康管理网格化服务"活动。此次试点小区为书香佳缘和古龙居住公园，由社区网格员带领全科医生和健康管理师入户为居民进行健康体检服务。这是打造"和谐禾盛、健康禾盛、美丽人生"的爱民惠民举措，受到居民们的热烈欢迎。

古阿姨今年 64 周岁，和老伴带着孙子一起居住。在轻松的气氛中，医生们通过聊天，逐个了解古阿姨一家的生活习惯和身体状况等。他们一边认真倾听一边做好详细的记录，随后，为古阿姨家人量血压、测血糖，并开具心电图检查单，告诉古阿姨可以到社区卫生服务中心进行免费检查。健康管理师和医生摒弃医学专用术语，用深入浅出的、风趣的、生活化的语言娓娓道来，讲解了相关疾病的成因及预防重点，并与古阿姨进行了签约，后续将会对古阿姨的家庭进行健康管理，开设绿色通道便利门诊、健康教育、专家讲座会诊、医疗技能培训一系列服务。在交谈中，古阿姨向网格员林华娜咨询了二孩办理政策。小林详细介绍了二孩的政策和办理程序，还建议去做免费的孕前优生健康检查，然后又向古阿姨宣传了禾山街道为独生子女家庭购买家庭意外伤害保险的福利等。

一个小时的时间不知不觉就过去了，医生们结束工作，临别时古阿姨拉着小林的手，动情地说："疾病控制与健康教育是关系我们身体健康的大事，社区组织的健康活动让我们掌握预防疾病最简单、最实用的方法，我们学会自我管理健康，可以降低医疗费用，减轻家庭和社会的负担！"一阵晚风徐徐吹来，顶着满天的星光，大家又走进下一户居民家。

禾盛社区此次开展的"健康管理网格化服务"活动，是要将健康送进千家万户，做居民健康的守门人，我们就是保卫百姓健康的"健康网底"！

只为一个约定

邹　玒　陈明芳

　　家住厦门市湖里街道金鼎社区的计生小组长李丽与纪女士家，只有不到两分钟的路程。但如果纪女士没有生病，两个人的生活或许只是平行线。

　　4月的一天，李丽走进了患有"纯红再生障碍性贫血"的纪女士的家，当时，纪女士的情况已经不适合进一步治疗了。但20多天的时间里，李丽用自己的爱心，温暖了纪女士的人生。

初见：热心肠也有害怕时

　　李丽还记得第一次走进纪女士家的情景：床上躺着一个人，仔细一看，骨瘦如柴。

　　纪女士今年45岁，18岁的时候，被确诊为"纯红再生障碍性贫血"，此后就只能靠着输血维持生命。

　　结婚后不久，丈夫就因病去世了，一直照顾着她的母亲也去世了。而纪女士因为身体虚弱，一直靠着低保生活。她输血的钱，都是大姐的退休金在垫付。为了减轻家人的负担，原本需要每月输血一次的她，每一次都是撑到体力不支时才去，也正因为这样，她的身体越来越差，面色苍白如纸。

　　社区的工作人员得知了纪女士的情况，在一次谈话中，工作人员向李丽提起这件事："你愿不愿意去照顾她？"

"好呀!"李丽毫不犹豫地答应了。4月中旬的一天,李丽就随着社区工作人员走进了纪女士的家。当时,纪女士的情况已经不适合继续治疗了。纪女士说,自己的腰疼,腿也麻了,希望李丽帮她捏一捏。

在回想时,李丽说,她也害怕,尤其是见到纪女士的身体,"我觉得自己就像是在摸一把骨头,感觉稍微用力就她受不住了。""但既然答应了",她说,"我就要信守承诺。"

相识:做了家政服务都不做的事

其实,早些时候,知道情况的社区工作人员是想从一家专业的家政机构找一个保姆来照顾纪女士的。不过,在听说了纪女士的情况后,找到的机构都婉言谢绝了。但就是这份大家都打退堂鼓的工作,李丽坚持了下来,并且把它当作是自己的义务。

每日三餐和起居,李丽都悉心照顾着,还经常帮纪女士捶捶背、按按腿,陪着她说说话。纪女士很瘦,有时候要去上厕所,李丽就用胳膊架着她走。她的手机里,还存着纪女士一家人的电话。

李丽说,从纪女士的一言一行中,能感受到她求生的欲望,"因为生病怕感染,她总是把家里打扫得干干净净;每天早晨,她上厕所要一个小时,将自己收拾一下。"

而让她印象最深的,是一次挂瓶。纪女士的血管已经萎缩了,护士找了半天都无处下针,最后只好用稍微烫一点的开水烫一下。"她紧紧咬着下唇。"李丽在一旁也不自觉地咬紧牙关,心疼极了。

那一次挂瓶,从晚上八点多挂到了次日凌晨一点多钟,李丽就一直陪着纪女士说话。"她跟我说她年轻时候的事情，告诉我说自己做菜很好吃，如果病好了，一定要亲自做一顿饭请我吃。"李丽回忆着当时情景：两个人就像是相识了很久的朋友，还勾了手指，说定了李丽以后带着孩子来蹭饭。

告别：希望她在家人的陪伴下度过余生

10 日那天，纪女士突然说想吃猪脚，李丽趁机再次提出让纪女士去医院检查。"我告诉她，'你的身体太弱了，这么长时间没吃油腻的东西，得去医院看看才行'。"好一番劝说后，纪女士终于同意再去医院瞧瞧病。

11 日一早，李丽就来到纪女士家，帮她做入院前的准备。"但怎么也喊不醒了。"李丽的心一阵紧张，忙给纪女士的兄弟姐妹们打电话："人可能是快不行了，我想最后的时刻，她肯定也希望家人陪着她。"

就这样，李丽告别了纪女士的生活。她心里有些难过，在谈起纪女士的时候，好几次都提到："要是早一点知道这件事，早一点劝她去医院，现在她也许会好转。"

离开后几天，每次晚上李丽下楼扔垃圾的时候，都会特意经过纪女士的家，见到小窗透出隐隐的亮光，知道她并不孤单后，才安心离开。

说起这段日子，李丽说，尽管周围的朋友并不支持自己，但自己从不后悔："能做一点小事，能温暖别人，就够了。"

情牵计生事业　共创美丽祥店

——记江头街道祥店社区副主任林淑贞

丁　铿　李庆馨

江头街道祥店社区被国家授予"全国人口和计划生育基层群众自治示范村（居）"荣誉称号。这个荣誉不仅增强了社区群众的自信心，也激发了社区居民的自豪感，更促进了社区人口计生工作进一步深化。取得这一成绩，是社区上下一致拼搏得来的。当然，更离不开社区计生分管副主任林淑贞的呕心沥血。

祥店社区有一支年轻充满活力的干部队伍，林淑贞同志就是其中的一位。她用满腔的热情为社区居民服务，为社区美好的明天默默奉献。她待人热情、办事干练，在领导眼里是得力助手，在同事间是知心好友，在群众中是热心人、贴心人。她对计生工作更是一往情深，时刻挂在心里。她善于创新，在"美丽计生四心方法"的基础上，又创新了"星品牌心服务"。

一星：计生人口文化街、文化园及微信服务平台

江头街道祥店社区是开发新区，总人口约 14000 人，总户数 6500 户，大多来自天南地北，流动人口约占 40%，给计生的管理、宣传、入户带来很大的难度。多年来，计生政策通过宣传，虽然家喻户晓，但是还有些群众不理解，为此，林淑贞与同事深入千家万户宣传和交流，同时利用各种载体宣传计生政策。

在原来创新"凤凰花计生小贴士"进楼道及实行"美丽计生四心行动"的基础上，打造了计生人口文化街（一街）和计生人口文化园（一园）。社区与投资促进局共同开设了微信服务平台，特别增设了一个"计划生育"专栏，随时随地都可了解计划生育的好处等信息。

二星：计生之歌

计生工作作为社区的头等大事，社区两委高度重视，强化队伍素质，抓特色。作为社区领导，林淑贞积极协调，组织创作了一曲"计生人之歌"，唱出了计生人的心声。歌词原创出自社区计生小组长游明媛夫妇，作曲由计生会员郑道杰和卢玉旋合作完成，由我们的计生人来领唱，唱到家喻户晓，在潜移默化中让居民素质得到提升。在大家的共同努力下，祥店计生工作取得了一定的成绩，连续多年被区人口计生局、区计生协会评为"一流社区计生协会"，2014 年 7 月被江头街道党工委、办事处授予"实施'生育文明、幸福家庭'促进计划示范社区"荣誉称号。

三星：美丽计生心愿卡

为及时了解小区居民情况，及时反馈信息，寓服务于管理中，提升计生服务，我们改变了以往只为计生管理入户的做法，代之以为计生服务而入户。结合"美丽计生四心行动"中的一心行动——制作"美丽计生心愿卡"——走访入户，诚心了解居民对计生工作的想法和建议，并对居民提出的问题进行分类整理，以使计生工作能更加深入人心，扎实开展。与育龄群众零距离面对面、心连心，细听他们的心声、诉求，并排忧解难。暂住新村的流动人员刘雅芳，在医院查出得了急性坏死性胰腺炎，花了几十万元的医药费，一家人因此而债台高筑，林淑贞得知此事后从多个方面帮其申请救助，区街计生协会也进行关怀和慰问1000元，使刘雅芳一家感受到党和政府的温暖。

四星：协会心讲堂

社区结合例会组织小组长开展"协会心讲堂"，让她们把科学宣传和优质服务相结合，运用各种宣传阵地和宣传渠道，广泛深入宣传普及计生相关知识，通过互动的形式，来提高计生政策的认识。一是各会员小组长与小组成员之间开展交心谈心，搜集会员意见和建议，同时宣传相关政策与服务；二是社区网格员与各楼栋长、联络员交心谈心，就日常工作中的难点、发现的问题进行梳理；三是社区计生专干与会员小组长、网格员交心谈心，耐心听取大家收集整理到的意见和建议，从最基层育龄群众中发现、总结工作中存在的问题，了解他们的心声。

五星：心手相连帮扶

社区实行网格包干帮扶，每周两晚入户访视，发现网格内有困难户或重点户，不论是常住还是流动对象，计生分管林副主任均会尽力给予帮扶。辖区内有一名患癌症的流动困难母亲，患病后家里仅靠她丈夫打工的微薄收入维持生计，林副主任得知后为其争取申请各类救助，并于"5·29会员活动日"在诚信示范街举行计生宣传活动时为她进行爱心募捐。林副主任带头捐出自己的一份爱心款，社区小组长及居民群众在她的爱心带领下，纷纷捐出自己的爱心款。当我们把爱心款送到这位母亲手上时，她激动地感谢社区对她的关心，感谢政府对她的关怀，为她的家庭送来了温暖。

新时期中央提出要全面深化改革，实现美丽"中国梦"，我们备受鼓舞。我们计生人应该更加扎实地抓好计生工作，只要我们团结奋斗，一定会成为新时期美丽的计生人。

十载计生情，最美夕阳红
——记后坑社区计生小组长李丽英

叶雪芬　林秀琳

在湖里区金山街道后坑社区，有一位热心的阿姨，她就是已经 65 岁的计生小组长李丽英，在社区计生小组长岗位上已有十个年头了，但她始终满怀热情地投入到计生工作中。无论是刮风下雨，还是烈日炎炎，李阿姨每月准时参加社区计生例会，并与社区计生服务员们一起参加计生知识培训，走家入户宣传计划生育知识，冒着严寒酷暑发放宣传单。"李阿姨都能这么做了，我们年轻人还能偷懒、不做吗？"社区的计生服务员小叶这么说。在李阿姨的带领下，片区内计生服务员将计生工作的各项惠民政策一丝不苟地落实到每个家庭。

李阿姨的家并不富裕，丈夫年老多病，经常需入院接受治疗，儿子英年早逝，留下了媳妇和小孙子，这一大家子人也都需要她前后照应着。但李阿姨在小组长的工作岗位上仍乐此不疲，并把退休后的大部分精力投入到工作中去。晚上、周末、节假日是大家的休息时间，但对李阿姨来说却是最忙碌的时候，她上门为新婚的夫妇送上了优生健康知识，为年轻的妈妈送上育儿知识宣传单。她说："在工作中，我认识了很多居民，上门给年轻的夫妇送上生育证或计生宣传品什么的，他们都很高兴呢。走在小区里，总有很多人跟我打招呼，真是件快乐的事！"

李阿姨是个热心肠，社区困难老人叶宗贤得了重病，肺部几乎丧失所有功能。得知情况后，李阿姨及时上门看望，在听说住院费用高昂时，她立马向村庄理事会发出倡议，号召全村的人一起捐款，共同向叶宗贤老人奉献爱心，帮助其渡过难关。

社区钟宝珠是"计生幸福工程"的对象，正是在李阿姨的积极协调下，钟宝珠一家最终借到了免息贷款，在村里开起了小杂货铺，家庭有了稳定的收入来源。为了鼓励他们积极创业的行为，李阿姨经常上门并发动邻里照顾钟宝珠的生意，并为钟家店铺经营出谋划策，建议在他们家店铺门前空地摆放一些桌椅板凳，积聚人气。在她的建议和积极参与下，如今钟家店铺不仅生意蒸蒸日上，旁边的空地也成了居民特别是妇女同胞的日常集散地，如今更是成了李阿姨集中宣传计生政策的"民间小阵地"。因为有钟宝珠的成功事例摆在眼前，有李阿姨这样的热心计生人帮忙解读政策、为村民前前后后张罗着，村庄的妇女越来越理解计生工作的各项政策和优惠措施，越来越多的居民从游手好闲向自力更生、自我创业的道路上迈进。

在李阿姨的带动下，社区的小组长们及计生服务员们都积极开展工作，社区计生工作更上一层楼，社区也被评为一流社区计生协会。

温馨家园　和谐马垅

牟红艳

马垅社区位于厦门岛的东北部，毗邻湖里工业区和厦门火炬高科技园区，下辖马垅社、古塘垅社、小东山社三个自然社和一个综合开发区，占地面积 0.32 平方公里。截至 2015 年，社区总人口 31949 人（其中户籍人口 1284 人，非户籍人口 30665 人）辖区有三资、独资、私营、个体企业 100 多个，其中 50 人以上 5 个，百人以上 11 个，集贸市场 3 个。成立计生协 11 个，其中，企业计生协会 9 个，外口公寓计生协会 1 个，农贸市场计生协会 1 个。

针对辖区地处城乡接合部，且企业多、出租屋多、新居民（流动）人口多、人员素质参差不齐、人员构成比较复杂等特点，社区以科学发展观为统领，全面推进"生育文明·幸福家庭"促进计划；强化国家《人口和计划生育基层群众自治示范村居》的示范作用，不断完善利益导向机制，对新居民从以管理为主向服务为先转变，以均等化服务为重要切入点，让新居民共享社区发展成果，更好地融入社区，扎根马垅，成为"新马垅人"。

一、服务管理均等化，打造温馨家园

（一）**强化以人为本、服务至上的理念。**社区开展"关爱女孩·感恩母爱"宣传慰问活动，为辖区 30 户（新居民 29 户）符合政策生育女孩的家庭户送礼包（一幅春联，一个旺旺礼包，一斤红糖，一斤红枣，一斤桂圆，一瓶油）慰问活动。在"三八节"表彰了23名来自本社区居民、企业单位及新居民（流动）的"巾帼建功标兵"、"阳光女孩"，4名作精彩典型发言。受表彰对象每人奖励300元，经费共6900元。"六一儿童节"，社区开展以关爱新居民娃为主题的"雨润马垅"行动计划，街道、社区领导向符合计生政策的10名新居民儿童代表送上了一份学习用品。每年为辖区儿童及幼儿园送去慰问礼品1000多份，约1.5万元，让新居民儿童享有常住儿童的福利。这样的活动得到了来自儿童家长的感谢，他们纷纷写信，表达生活在亲如"自家"的温馨感受。

（二）强化与时俱进、注重发展的理念。社区坚持政府输血与自身造血相结合，增强自身的造血能力，努力实现计生优质服务工作的良性可持续发展。

均等服务成就新居民自主创业精神。开展"幸福工程——救助计生贫困母亲"活动至今，社区帮扶10户，其中新居民6户，现有2名新居民受助对象。有明仙，来自安徽省广德县柏垫镇杨冲村，2000年与丈夫、孩子一家三口人，来到这个美丽的城市——厦门。一家人决心在这座向往已久的城市打拼一番，信心百倍。她享受到厦门市政府"幸福工程——救助贫困母亲"的免息款待遇，深感荣幸。她和丈夫利用这5000元的救助款增购款式多种多样的十字绣，让顾客有更多的选择，加上她用热心、诚心、细心、耐心（"四心"）手把手地把技艺传授给十字绣爱好者，吸引了更多的人，让十字绣爱好者觉得有成就感，客源比原来增加一倍多，由原来生意一般的保本发展至今每月可赚到3 000多元，生意蒸蒸日上。王美容，来自莆田市荔城区北高镇渡岭村梅岭95号的村民。受助后，开办的"金钰缘首饰店"茁壮成长，营业额从原来每月 3 万元提升至每月 5 万元。她的店在"美丽厦门·共同缔造"活动中被湖里区委、区政府评为"百佳模范商户"……他们深切地说："感谢厦门市政府关注民生，感谢马垅社区居委会把我们当'自家人'热情地服务，让我们享有市民化的待遇，让我们感受到厦门是一个温馨而美丽的大家庭。"他们把马垅社区当成"温暖的第二个故乡"。

（三）强化创新领先、突出特色的理念。社区以"美丽厦门，幸福湖里"活动试点为契机，广泛发动群众参与，社区居民人人关心，形成了包容、参与、互助、共享的风尚，社区人居环境质量显著提升，居民群众文明素质、经济水平、平安意识不断提高，新老居民以马垅为家，共建一个宜居的城中村。

社区建筑面积为 1000 平方米的文化活动主广场，配备 LED 显示屏，打造科普文化长廊，新建花坛、石凳进行绿化提升，为辖区居民群众休闲娱乐提供新去处；投资建设小东山篮球场，面积约 700 平方米，可作为室内篮球场和多功能活动场所；充分利用安装在三个居民小组农贸市场人流量较多路口的 LED 显示屏，为社区育龄人群提供计生法律法规、新型婚育观念、优生优育、生殖健康等知识。2015 年投入 4.08 万元制作实物宣传品（随手泡茶具、购物袋），并印有"创建幸福·营造温馨"、"和谐社会和为贵·人口计生人为本"宣传标语，利用宣传咨询、"三八节"登山、"双查"等活动发放给辖区居民群众，共发放 1869 件，营造计生工作浓厚氛围，让婚育新风深入居民群众的生活中。

二、强化均等服务，彰显马垅特色

社区坚持以"全区作示范、全市争一流、全省有地位"为目标，探索新模式，开发新项目，打出新品牌，并将成功做法制度化、典型经验系统化，努力做到"人无我有，人有我强，人强我优"，彰显马垅特色。

为提高新居民享受市民化同等待遇的知晓率，社区坚持每年春节期间，利用流动人口集中返乡的黄金时段，通过多种方式开展流动人口关怀关爱专项活动。以"和谐社会和为贵，人口计生人为本"为主题，开展了计生、卫生、法律、科普、预防诈骗等知识宣传咨询，并现场书写春联、送年画，给社区新老居民发放科普、计生、安全防盗等宣传资料800余份，发放有奖竞猜奖品近320份，现场气氛热烈。为落实流动人口子女就读公办学校免收借读费和农民工子女就读民办学校学费补助，我们热情为外来员工子女提供居住证明，让他们享受政府的优惠政策。目前，社区外来人口有708名就读公办学校，减免农民工子女就读民办学校学费52.7万元。社区每年持续为治安联防队员43名（都是流动人口），其中有15名是流动青年，清洁工30名都是新居民办理人身意外伤害综合保险，交纳保险经费5208元，与常住人口同工同酬，至今已投入保险经费20516元。

2015年3月，殿前街道劳动保障、人口计生流动办、社区计生协与市工会服务中心联合百家企业利用节假日在马垅文化活动中心举办春季专场招聘会，此次招聘会提供了服务业、制造业等各类岗位8127个，80家企业参加，应聘者超过3000人，最终达成意向569个岗位。社区积极配合，加强与市、区劳动力市场联网，实现信息共享，及时为流动人口提供就业信息，受到流动人口的称赞。

三、和谐共融　创造幸福

新居民不仅是我市经济建设的重要力量，也是我社区政治建设、文化建设、社会建设的重要力量。因此，我们更加坚定地转变外来务工人员工作作风，从管理为主向服务为先转变，营造社区领导重视、全社会协同的工作氛围。社区先后在外口公寓成立了"马垅外来员工党支部"和"马垅外来员工团委"，并吸纳了22名外来党员。"三八"妇女节、"五一"国际劳动节、"五四"青年节期间，组织外来青年参加歌咏比赛，让外来员工组队参与拔河和篮球比赛，组织和谐邻里节等活动，同时为外来员工党团员提供过组织生活和业余活动的平台，努力让新居民融入城市的生活中。

为了进一步落实流动人口均等服务工作，社区利用农贸市场计生协会活动阵地，以"健康、美丽、财富永远不落伍"为主题，聘请区妇幼医师讲授"三优"、生殖保健等知识，让育龄妇女进一步了解避孕节育、更年期等知识，让女性们更加关爱自己的身心健康，促进家庭的和谐；为了方便"上班族"的外来务工人员，工作人员走进企业，举办"健康女人最美丽——妇女健康知识讲座"，提高企业员工的健康意识，及时解决外来育龄妇女的难言之苦。2015年以来，在文化广场、菜市场发放生殖健康知识宣传折页600余份，接待咨询百余人，免费发放避孕药具20箱。这样优质的服务，促进新居民融入城市生活中。

社区为推动新居民子女服务项目，开办集体公办幼儿园。目前招收适龄儿童248名，其中外来儿童237名，他们与当地儿童享有市民化的待遇，切身感受到"亲如自家"的温馨。

社区专门提供场所，与社工机构"日新工友服务中心"合作，开设图书阅览室、绿色网吧、多功能活动室、微型电影院等各种免费服务活动场所，开展"快乐四点半"课业辅导站、"小精灵俱乐部"兴趣班、社区儿童图书室、"走近美丽厦门"户外游览、"马垅社区集结号"儿童冬令营、"生活小能手"小组、家庭探访与个案辅导、阳光少年志愿者队、家长公益讲座/沙龙等活动，设计常规化儿童成长项目，运用成长性、教育性、兴趣性、探索性多元活动形式，在儿童娱乐活动的基础上，根据社区新居民儿童多、家庭资源少的新特点，连接社区及高校资源，带动社区志愿者共同参与关爱新居民儿童健康成长。我社区作为首批厦门市"社区儿童之家"，参加厦门市民政局开展的"厦门市优秀专业社会工作服务项目"评选，以其专业的、持续性的服务体系及良好的社会评价荣获三等奖的佳绩。

此外，社区以"三八"妇女节活动为载体，积极推进"生育文明·幸福家庭"促进计划活动，在"诚信计生户"中评选表彰了百户"特色家庭"、"和谐家庭"标兵户，其中，新居民家庭户占25%以上。通过表彰先进、树立典型，倡导家庭美德，弘扬先进文化。社区还以"全民健身·和谐共融"为主题，组织辖区18岁以上女性、企业女代表、新市民女代表共有348人参加登山活动，开展"关爱健康，崇尚美德"宣传。通过活动，拉近协会与育龄妇女之间的距离，体现计生协会多角度、多层次的生育关怀，新老居民切实感受到社区大家庭的温暖，增强新居民的认同感、归属感和幸福感。

今后，我们将不断探索，吸取先进单位的好经验，弥补自身的不足，继续强化"流动人口均等服务工程"试点工作，进一步在服务上下功夫，营造新老居民关系融洽，各类组织和人员安居乐业的氛围，打造厦门最宜居的城中村。

以精湛技术为基础　以优质服务为载体
构建和谐满意医院

——湖里区妇幼保健院创新发展纪实

朱春雷

厦门市湖里区妇幼保健院成立于 2000 年，现有业务用房面积 10905 平方米，在职职工 236 人，其中医务人员 195 人，中高级职称 77 人，占医务人员的 40%。承担着湖里区约 110 万人口的医疗保健任务，致力于开展妇女儿童各期保健、孕产妇及儿童系统管理、盆底功能障碍诊治、儿童早期综合发展、婚前保健、妇科病普查以及各种疾病的诊治等服务，现已成为集预防、保健、医疗、康复、科研、教学及应对突发公共卫生事件为一体的，具有一定专业特色的区级妇幼保健业务指导中心。

门诊量从 2009 年的 25.7 万增加到如今的 63.8 万，每年增长率均在 30% 以上。2013 年荣获全国无病房区级妇幼保健院门诊量第一名，连续五年荣获全省无病房区级妇幼保健院门诊量第一名。先后荣获"全国妇幼健康工作突出集体"、"国家级巾帼文明岗"等 50 多项国家及省市区级荣誉称号。

并积极开拓创新，在全市区级妇幼保健院中实现 10 个"率先"：

● 率先开展了"免费婚检、婚姻登记一站式服务"。

● 率先开展盆底康复治疗、产后瘦身及催乳门诊、孕妇体重管理门诊、儿童综合素质评价及超声骨密度检测等特色新项目。2013 年 11 月，我院顺利通过中华预防医学会盆底康复专家评审组评审，在全省率先挂牌成立国家级盆底康复筛查诊治中心。

● 率先成立"儿童早教中心"，发挥我院医教结合特色模式，成为我区唯一一家公益性早教机构，为我区儿童早期教育的进一步发展奠定基础。

● 率先在全省开展免费叶酸检测。

● 与中国妇幼保健协会合作，率先成立全省首批、全市首家孕期音乐调理基地，并在全省率先成立"快乐孕育俱乐部"。

● 率先与市级三甲医院实现院际协作，成为厦门大学附属第一医院的协作医院。

● 率先开展科研，2012 年获得两项国家级"实用新型专利"，2013 年荣获一项厦门市科学技术进步奖。并率先与科研单位（厦门大学公共卫生学院）实现合作，拟将我院打造成医疗、保健、科研、教学"四位一体"妇幼基地。

● 率先引进美国贝克曼进口全自动生化仪、美国进口 GE 三维彩超、法国进口产后康复仪，有效提高临床诊疗服务档次。

● 率先推出深入辖区流动体检服务，方便辖区群众健康证办理、低保户及妇科病普查。

● 率先创办"院报"，把院报作为传递医疗信息、普及医学知识、介绍医院特色服务、全面周到服务患者的宣传阵地。

成长在特区发源地的唯——所妇幼保健院

湖里区是厦门经济特区的发祥地，湖里区妇幼保健院就是成长在这沃土之上的唯一一所妇幼保健院，为全区妇女儿童健康保驾护航。

妇幼保健院成立初期，业务用房面积不到 500 平方米，员工仅 8 人。15 年的发展中经历两次重大搬迁和发展变革。2013 年新大楼的落成标志着我院踏上新的高速发展轨道。新大楼倾注了区委、区政府大量的心血和努力。省、市、区各级领导常来视察并指导具体工作，指出务必将我院建成一个让政府、让老百姓放心的民心工程。如今，一座崭新的、高标准的、现代化的医院已投入使用，更好地满足广大患者多层次的就医需求，更大地发挥区域医疗中心作用，为人民群众健康服务。

如今，先进的医疗设备、温馨舒适的就诊环境、现代化的诊疗服务系统将我院打造成为全省业务用房面积最大、环境最好、设备最先进、科室设置最齐全、开展项目最多、特色服务最优质的区级妇幼保健医院，可同时容纳 5000 人就诊。

抓机遇，促发展，打造一流的妇幼保健院

新大楼的使用为我院提供了更高的发展平台，多项新服务、新举措成为全省区级妇幼保健院首创。

一是打造特色妇幼专科。迁入新大楼后，在原有 8 个科室的基础上致力于做大做足妇幼保健特色，增设产后康复中心、儿童早期综合发展中心、乳腺门诊、孕妇体重管理门诊、中医妇科、小儿中医门诊等多个特色专科。2014 年 6 月，妇保科大胆创新，将科室分为不孕不育、宫颈疾病、盆底疾病、妇科肿瘤、内分泌、青春期保健、更年期保健、婚前保健、孕前保健、遗传咨询、计划生育、高危妊娠、营养门诊、建卡门诊等 14 个特色专科门诊，

儿保科也开设了高危儿门诊、营养门诊、心理行为发育门诊、运动神经康复门诊、儿童早教、眼保健、耳鼻喉和口腔保健门诊等，儿童心理保健工作获得了 2015 年度全市各区评比第一名的好成绩。这些特色专科的开展不仅提升了我院服务水平，也加快了我院自主培养专家的步伐，形成我院特色专科品牌。全院由 2012 年的 8 个科室发展成为如今的 24 个特色专科。

二是引进尖端技术设备。先后引进美国 GE 三维彩超、日立全自动生化仪、法国产后盆底康复仪、美国欧美达麻醉呼吸机、德国莱斯康电子阴道镜、荷兰飞利浦高清直接数字化放射系统（DR）、罗氏电化学发光仪、德国摩拉过敏原检测仪和欧蒙过敏原检测系统等国内外尖端技术设备，成为临床诊断的坚强后盾，为湖里区居民提供更加优质的医疗服务。

三是继续推出惠民举措。作为公益性医疗保健机构，我院致力于提高妇女儿童健康水平。为争取群众免费服务政策，积极向上级部门申请资金，努力开展具有妇幼特色的新项目，终于为辖区妇女提供上免费产前筛查、免费产检、免费早孕建卡、免费艾滋病检测、免费妇科普查、免费婚检及孕前优生检测、HIV 检测、梅毒检测、免费叶酸检测、免费上门健康证办理、优惠的骨密度检测、母乳分析检测、过敏原检测等多项惠民服务项目，仅 2014 年，就为辖区群众减免费用约 960.73 万元。

四是便民服务持续开展。我院自 2008 年以来持续推出多项便民服务，将我院打造成为全市最有人情味的区级妇幼保健医院。如：为空腹抽血的体检患者免费提供早餐，为人流术后患者提供红糖水；安排免费接送大巴车，在旧院与新院之间来回接送就诊群众，每天方便就医群众近千人；为急诊及手术病人开设绿色通道，且先诊疗后收费；延长上班时间，挂号收费处、检验科、建卡处等提前半小时上班，药房、挂号收费处推迟半小时下班；与市级三甲医院实现院际协作，成为厦门大学附属第一医院的协作医院，并定期邀请厦门市第一医院、厦门市口腔医院专家到我院坐诊，方便辖区群众就医；购买体检车深入辖区工厂、酒店、城乡接合部、低保家庭流动体检服务，方便辖区群众健康证办理、低保户及妇科病普查，每年方便群众 3 万多人次；每周组织专家深入社区免费开展妇女保健知识讲座及保健咨询；开展送医送药服务；2014 年全年为近 10 万名妇女儿童进行免费义诊服务。

抓医疗，保健康，打造安全的就医环境

我院将提高医疗质量，强化医疗安全作为工作的重中之重。近年来，我院借着创建二级甲等妇幼保健院的东风，进一步完善规章制度，使医院管理朝着规范化、科学化的方向迈进。2014—2015 年，我院把创建二级甲等妇幼保健院作为重点工作目标，通过"以评促建、以评促改、评建并举"，坚持以病人为中心，以医疗服务质量为根本，紧紧围绕质量、安全、服务、管理、效能，不断加强医院管理，规范医疗行为，拓展诊疗范围，改善就医环境，保障群众就诊质量及医疗安全。

（一）抓制度约束，规范医疗管理

一是医院制定下发了医疗质量和医疗安全管理 15 项核心制度、妇幼公共卫生服务 9 项核心制度、新技术新项目审批制度等，统一编印了《卫生法律法规汇编》、《应急预案汇编》、《妇幼保健技术规范和法律法规汇编》、《湖里区妇幼保健院医疗保健常规》、《湖里区妇幼保健院临床诊疗常规》、《湖里区妇幼保健院技术操作规范》、《湖里区妇幼保健院工作职责汇编》和《湖里区妇幼保健院工作制度汇编》。为便于随时阅读熟记，《创建二甲应知应会知识小读本》做到了人手一册。制度汇编和印发在全院掀起了学制度、记职责、遵规范的高潮，促进了全院管理有章法、岗位有要求、诊疗有规范、操作有标准的进程，保障了医疗过程规范化、标准化、流程化，确保了医疗质量与安全。

二是重新调整和成立了医疗保健质量、药事、院感、输血、病案和护理质量管理等6个管理委员会，定期召开会议，研究和解决各专业学科遇到的重点难点问题。制定并下发了《全院全员全程质量控制考核标准》等医疗质量管理与控制方案，提出质量管理与持续改进的重点与措施，对全院医疗质量实行动态和全程督导与监控。同时多次组织质量管理培训讲座，进一步提高科室质控人员质量管理能力。科室质控小组按要求定期开展科内医疗质量检查，形成了医院抓科室、科室抓个人，层层落实责任的管理体系。并不断修订完善质量控制体系，加强质量管理委员会建设，使质量管理逐步科学化、规范化。

（二）抓医疗质量，保障医疗安全

一是通过《控制医疗费用增长的相关制度》、《处方点评制度》等建立合理检查、合理用药、合理治疗的考核评价机制，将考核结果纳入绩效评估体系，医院质控小组每月对大处方进行点评，通过对处方前十名和药品前十名的医生进行双十排名并约谈，对不合理用药及大处方进行查处、整改，进一步完善临床诊疗技术规范。同时我院以临床路径和单病种管理为引线，规范各种诊疗行为，做到了合理检查、合理用药，将过度医疗扼杀在萌芽状态。

二是落实科学规范诊疗行为，定期对全院临床科室进行业务和行政检查考核。业务检查以病历质量为抓手，对医护人员进行"三基"理论考试以及医疗质量和医疗安全核心制度考核。在检查中当场指出问题，对存在的问题进行分析总结，并提出整改措施。通过每一次的行政检查及时发现科室存在的问题并帮助科室解决问题。各科室以业务和行政检查为契机，积极整改存在的问题，加强"三基"训练，加强"三严"培养，狠抓核心制度落实，不断提高员工自身素质，持续改进医疗质量，夯实医疗基础，提升服务质量。

三是在抗菌药物的使用上，院部与临床科室负责人签订《抗菌药物临床应用管理责任书》，明确各科室抗菌药物合理应用控制指标。按照各科每月抗菌药物临床使用率和使用强度两方面进行考核，加大对科室合理用药的考核力度。同时深入开展抗生素合理应用及抗菌药物专项治理活动，进一步加大临床使用监管力度，有效杜绝滥用药物现象的发生。

（三）抓"两纲"指标，提升健康水平

妇幼保健院有一项极重要的任务是抓好辖区妇幼保健工作，我院坚持以保健为中心，以保健工作为重点，全面完成"两纲"各项指标。我院在全区110万人口，其中流动人口占3/5以上的巨大压力下，克服重重苦难，积极开拓创新，较好地完成了"两纲"各项指标任务。其中连续五年婚检率全市第一，均达到98%以上；连续五年孕产妇系统管理率、儿童系统管理率、建卡率、早孕检查率、产前检查率、产后访视率、体弱儿管理率、新生儿访视率、新生儿疾病筛查率等重点难点指标均在全市绩效考评中名列全市前茅。2012年李淑莲院长代表厦门市参加全省妇幼卫

生工作突出单位作经验交流，2015 年受邀作为全省唯一经验交流单位代表，在全省妇幼健康教育培训会上进行工作经验交流。

（四）抓科研创新，推动医疗发展

令全院引以为豪的是科研创新建设。我院坚持科技创新推动医疗技术的发展，李淑莲院长带头搞科研，科研硕果累累。2012 年 6 月研究的"弓形虫 IgG 抗体免疫印迹试剂盒"及"弓形虫 IgM 抗体胶体金免疫层析检测试剂条"获得两项国家级"实用新型专利"。2012 年 9 月科研课题"冈地弓形虫免疫原性膜蛋白的筛选及其在诊断中的应用"获得厦门市科技进步三等奖。2013 年 7 月与中山医院合作的科研课题"实时荧光定量 PCR 梅毒螺旋体检测技术的构建及其在胎转梅毒诊断中的应用"被厦门市科技局立为 2013 年度厦门市科技惠民计划项目，此为全市 61 个科技惠民计划项目中唯一一项入选的区级医院科研。2013 年 10 月"冈地弓形虫免疫原性膜蛋白的筛选及其在诊断中的应用"获得湖里区科技进步一等奖。近年来全院近百篇论文在国家级杂志上发表。我院还与厦门大学公共卫生学院签署科研协作协议，提升我院医疗、保健服务水平，造福辖区群众。

（五）抓人才培养，提高综合实力

我院在发展和实践中，充分认识到人才是医院事业发展的关键，将重视人才、开发人才、使用人才作为医院发展的一项长期战略任务。近年来，医院以海纳百川的胸怀筑巢引凤，除以优惠政策引进高级技术人才外，本着打牢基础、全面培养、超前教育、重点突破的原则，大力抓好现有各类人员的继续教育。采取医院办班、送出去进修、带任务自学、组织学术活动以及选送优秀人才赴高等院校攻读学位和到省内外著名医院研修等办法，加快各类人员的知识更新，并有重点、分层次地将他们安排在关键岗位上进行实践锻炼，培养了一批道德高尚、知识丰富、技术精湛的高素质管理人才、技术尖子和学科带头人。医院现已成为一所人才济济、技术力量雄厚的妇幼保健机构。

我院在加强技术人才建设的同时加大管理人才的培养，抓班子强本领，打造一流的管理团队。加强医院团队建设，首先就是要抓好中层领导干部队伍建设，把加强领导班子和中层干部的思想建设、能力建设和廉政建设放在工作首位，充分发挥其核心、领导及表率作用。在加强基层组织建设和党的先进性建设方面，医院注重在医疗一线、文化较高的青年队伍特别是技术骨干中发展党员、培养干部，不断壮大党员干部队伍，优化队伍结构。

（六）优化诊疗布局，提升服务质量

一是优化医院门急诊环境。医院大力开展数字化建设，在门诊设立了自助服务系统、门诊多媒体视频系统、分诊叫号系统、叫号发药系统、门诊检验报告自助打印系统、客户服务系统、患者评议系统，多楼层开设收费窗口，设置自助挂号缴费机、自助报告单打印机，通过多台自助机为患者提供方便快捷的检查结果打印和查询服务。在自助挂号机旁安置导诊人员，帮助患者自助机挂号，有效地减少了患者就诊排队等待时间，提高就诊效率，提高服务质量。且新大楼就诊环境宽敞、明亮、温馨，300多平方米的候诊大厅、中央空调、儿童游乐区、母乳喂养区、婴儿尿布更换区、院内便利店等设施为群众提供更多温暖和方便。

二是简化就诊流程。医院尽量多地设置"建卡一站式"、"入园体检一站式"、"婚检一站式"等一站式服务，病人就医更加简单、方便、顺畅。如2014年成立"快乐孕育俱乐部"，将挂

号收费、妇女保健科、检验科、超声科、健康教育科、孕期音乐调理基地、孕期瑜伽训练营、产后盆底康复科、母乳喂养训练营等围绕孕前、孕中以及产后的各项医疗保健服务集中在一层进行"一站式"整合，所有从孕前到分娩再到产后康复的各项服务均可"一站式"完成，避免就医过程中为各项检查与治疗来回奔波，大大缩短患者的就诊时间，给群众最新最便捷的就医体验。我院参加全国医院擂台赛"寻找最佳医疗实践——改善医疗服务行动计划"第一季第一个主题"优化诊区设施布局"，进入前十名。

三是开展优质护理服务。积极开展以改革护理服务模式、落实责任制整体护理、加强护理内涵建设为核心的优质护理服务。创建"优质护理服务示范岗"，培养选拔并表彰"优质护理服务先进个人"、"优秀护士"，将夯实基础护理工作纳入医院发展的整体框架中同步协调发展。且护理部通过不断学习和积累，改革创新，将"品管圈"应用于医疗护理工作中，通过团队协作，集思广益，讨论、发现并解决工作现场、管理、文化等方面所发生的问题，从而改善品质、提升效率、降低成本，促进医护质量的提升。

四是开展"志愿服务在医院"活动。在"三好一满意"活动中，医院开展了"志愿服务在医院"活动，以"关爱生命、奉献爱心、服务患者、共建和谐"为主题，组织党团员志愿者上门走进患者家庭开展免费义诊体检服务。在院内每月开展"党员奉献日"、"党员义诊日"志愿者活动，为群众免除挂号费，每年为群众免费义诊近 10000 人次，免除挂号费 10 万多元。同时每天安排志愿者在门诊大厅、诊室候诊厅为患者提供导医、导诊、导检、陪诊陪护，协助办理出入院手续，提供健康咨询教育、公共场所劝阻吸烟等服务，让老百姓真正体验在我院就诊中的关爱与温馨。

加快精神文明建设，构建和谐"双满意"医院

我院深入贯彻落实党的十八大精神及科学发展观，结合"创先争优"、"三好一满意"活动，重新规划、制定了短期与长期发展规划，预计 5 年内将我院建设成为环境优美、秩序优良、服务优质、管理优化、医术高超、医德高尚的厦门市一流文明窗口单位，10 年内建设成为保健特色突出，综合实力较强，全省乃至全国知名妇幼保健专科医院。

一是抓医德，树新风，营造满意的行业风气。围绕构建社会主义核心价值体系，我院深入开展了"创先争优"、"修医德、强医能、铸医魂"、"三好一满意"、"医院崛起、我要奉献"、"金点子征集"、"创建二甲，我能为医院做什么"等各项主题教育活动。积极组织全员性学习讨论，并举办竞赛、评比等形式多样的活动，延伸内涵。通过教育和实践，培养社会主义医德情操，树立医德信念，养成良好的医德行为与习惯。在努力加强社会主义精神文明建设的同时，医院围绕核心价值观开展多种形式的文化活动，如评选"最有人情味医务工作者"、"最有人情味临床科室"等先进典型，弘扬良好的职业道德、服务意识和奉献精神，为患者提供人性化服务和人文关怀。

在深入开展"创先争优"和"三好一满意"活动中，医院加强了党员干部反腐倡廉警示教育，召开警示教育大会并观看警示教育片，进一步强化法律意识，筑牢思想道德防线。在工作中牢固树立"依法行医、廉洁行医"的思想，全心全意为病人服务，

自觉抵制商业贿赂，做到警钟长鸣、防患未然，为营造和谐良好的医院氛围做出贡献。

二是接受社会监督，打造群众满意放心医院。我院结合医院实际，定期召开班子民主生活会、行评监督员座谈会。主动邀请上级效能办、监察局、检察院、审计部门定期督导检查，并积极听取行评监督员的意见马上改进，更好地促进我院服务水平的提升。与此同时，医院全面推行院务公开制度，坚持把患者、群众和职工反映的热点、难点问题作为院务公开的工作重点，尤其是以改善服务态度、提高服务质量、公开医疗服务信息、控制医药费用为重中之重。

医院坚持开展做好患者满意度调查。除了院办、党办、门诊部、护理部、临床科室每月对入院患者进行满意度调查外，从2013年3月起，客服部专人负责对出院患者满意度进行调查和电话回访，积极征求患者意见和建议，有针对性地改进服务，为医院制定整改措施和决策提供可靠性依据。为方便患者，我院在医院大厅设立意见箱、投诉信箱，各科室导诊台设立意见簿，并定期进行电话回访和满意度调查问卷，及时改进存在的问题。

近年来，通过多种形式，把社会监督、上级监督、院内监督相结合，通过狠抓规章制度的落实，纠正个别职工的不良行为，促使他们克服自身存在的问题，努力做到"政府满意、群众满意、职工满意"。近三年来职工对医院行政后勤管理组织工作满意度达98%以上，患者对医院综合满意度达到95%以上。收到感谢信、锦旗共30多次。

三是抓文化建设，营造和谐氛围，打造传承百年的医院文化。十年发展靠人才，百年发展靠文化，文化是医院发展的激情与动力。要保障医院的长远发展，立于历史长河的不败之地，就必须培育符合医院特色的文化品牌。

我院坚持文化建院的方针，近年来，医院把"以病人为中心，构建和谐医患关系"作为医院文化建设的核心内容，制定并下发《湖里区妇幼保健院道德言行规范手册》，举办诵读节、学雷锋日、党员奉献日、团员志愿者日等系列活动，激发全院职工为患者提供优质、放心医疗服务的热情，也塑造湖里妇幼人的良好形象。通过"满意在医院"、"服务之星"评选活动，结合开展"弘扬雷锋精神，构建和谐家园"以及"展巾帼风采，做精彩女人"为主题的活动，以"服务无缝隙，医患零距离"的服务理念，弘扬拼搏奉献、积极向上的团队精神，引导全院党员、职工立足岗位做表率、当先锋，精心打造岗位服务品牌；组织职工开展登山、踏青等有益身心的集体活动，增加团队精神和凝聚力；持续开展"诵读节"活动，营造医院文化氛围，创建"学习型妇幼"、培养"学习型职工"；并坚持将院报作为传递信息，普及知识，介绍特色，服务患者和医院文化的阵地。

此外，医院重创新，铸品牌，打造了独具特色的医院文化，打出了一张张文化牌。我院对医院职工深情寄语"持续不断地修医德、强医能、铸医魂，争当遵守纪律楷模，打造具有责任心、激情、热情的团队"；提出"一切以病人为中心，带着感情与微笑为患者服务。一切以质量为核心，为争创一流医院而奋斗"的行动纲领，以"关爱妇女儿童，温馨千家万户"的服务宗旨，用"感恩、厚德、仁爱、创新"续写生命赞歌，奉行"不让保健对象冷落，不让医疗差错发生，不让医院形象受损"的行为准则，为医院跨越式发展注入了强劲动力；并要求全体干部职工增强政治意识、责任意识、大局意识、质量安全意识，持续转变工作作风。这一张张文化牌的推出，使医院文化品牌更加丰富，职工干事创业的激情日益高涨，全院上下充满活力。

展望之路

在李淑莲院长的带领下，我院通过"科教兴院"、"人才强院"、"文化促院"、"服务树院"等一系列有效举措，调动广大医护人员的积极性，强化了医院的内涵建设，不断提高我院的综合实力。2015 年 8 月，我院产科正式对外开放，成为全市第一家拥有产科的区级妇幼保健院。产科病房秉承"病人至上，让妈妈放心；技术精湛，让妈妈安心；环境温馨，让妈妈舒心；亲情服务，让妈妈暖心；孩子健康，让妈妈开心"的服务承诺，用温馨舒适的环境、先进的医疗仪器设备、优质的医护服务，带给妈妈和宝宝健康与幸福。相信产科的开放将为我院发展带来新的机遇，也相信二级甲等妇幼保健院的创建将使我院在管理上进一步完善、技术上进一步提高、服务水平上进一步加强，为保障全区妇女儿童的身心健康做出更大的贡献。

"愿得云帆三千尺，屹立潮头续远行。"湖里区妇幼保健院经过探索奋争，赢得了今天的辉煌。面对未来，我们定会在党的十八大和十八届四中全会精神指引下，扬帆起航，驶向科学发展的春天！我们相信，随着新一代湖里妇幼人用"大爱无疆，大医精诚"的医院精神为她插上腾飞的翅膀，湖里区妇幼保健院将给厦门人民带来更多的健康、欢乐和幸福。

深化"五乐"品牌 构建和谐计生

禾盛社区 缪瑞兰 张 霞

禾盛社区隶属于湖里区禾山街道，是一个集新建住宅小区、工厂、企事业单位、大卖场于一体的综合性新型社区。社区自2012年7月挂牌成立以来，秉持为居民"服好务、办好事、办实事"的服务理念，不断提升服务质量和管理水平，深化社区"五乐"品牌，积极探索创新计生工作机制，以计划生育目标管理责任制为牵引，扎实开展基层各项人口计划生育工作。

"乐组织"确保目标圆满完成

组织建设是计生工作的生命线，为各项计生指标的完成提供坚强有力的保证，禾盛社区探索出一些适合本社区的新路子。

1. 结合社会管理体制提出"五位一体"和"加、减、乘、除"的计生管理工作模式。"党支部领导、居委会负责、网格员带动、物业协同、居民参与"的"五位一体"工作模式，明确了在社区计生工作中以社区居委会为主，物业协助配合，网格管理员带动全体居民参与其中，使人口卫生与计生工作变被动为主动。

"加法"，加强队伍建设，加大宣传力度，加强入户核对，加强管理和服务措施。利用周例会、月例会时间，针对计生工作中遇到的重点难点问题进行深入的讨论，交流看法、心得体会，总结经验，全面提高计生服务员综合素质和服务能力。

"减法"，不断减少办事环节，减轻工作负荷，减少双查未到位人数。本着"马上就办"的原则开展事项办理工作，缩短办事时限，提高办事效率。对于资料齐全、符合法定条件的当场即时办结，对于资料不齐全或不符合条件的，当场书面告知补齐材料或告知不予办理的原因。通过走访入户，加强与服务对象的沟通，详细了解育龄群众的所需所想，针对群众提出的意见和建议，改进工作、强化服务。

"乘法"，充分调动网格长、网格员、小组长、信息员、企业管理人员等力量，齐心协力推进社区计生工作，起到"倍增效应"。

"除法"，去除不良工作作风，消除各类计生隐患，消除居民的顾虑。使居民清楚了解计生政策，消除疑虑，提高群众的满意度、配合度。

2. 在"大包片合作制"的工作实践中积极探索出"内外勤分工责任制"的工作方法。内勤人员专心做好办事大厅的办证服务、各口内页材料整理、微机统计和科技服务各项常态化工作；外勤人员继续按照"大包片合作制"加强入户访视宣传、清查登记等工作，由外勤组长统一、灵活安排时间、地点，下网格巡查（追踪、蹲守双查未到位等重点育妇对象）。此项举措依托社区网格管理模式，明确了岗位责任，落实包片两委责任制，将社区资源优化整合，既解决了社区人手不足的情况，提高了工作效率，又有利于社区计生工作和网格化管理工作同时发展，使之更加规范有序及人性化。

3. 根据实际工作要求制定"三到"工作机制、党员计生承诺制和企业集体户计生管理责任制。开展爱心送上门、政策送到家、服务送进户的"三送"活动。将基层人口卫生和计生工作扎扎实实做到户、做到人、做到位，既转变了工作作风，加强了计生服务员的工作责任心，又提升了计生优质服务水平，提高了居民群众对计生服务的满意率。

社区与党员签订《计划生育公开承诺书》，社区党员带头遵守计生政策，带头服从配合社区计生管理，从而带动更多人支持人口卫生和计生工作。针对辖区集体户空挂的问题，社区与辖区企业签订《集体户计生共同管理协议书》，明确管理责任，确保计生管理到位。

"乐民生"创新推进生育关怀

禾盛社区坚持"以人为本，服务居民"为目标，把做好"民生"工作放在社区计生工作的首位，扎实推进"生育关怀"项目。

1. 以"五关怀"为平台，选择计划生育困难家庭、育龄群众、独生子女、女孩和基层计生工作者为重点目标人群，开展包括"关爱女孩"、"呵护女婴"、"金秋助学"、"流动人口"、"党员爱心团"等一系列慰问活动，社区的"生育关怀行动"也得到了广大居民的高度认可。

2. 以社区企业慈善力量为辅助，积极发动社区企业为"爱之屋"捐款，开展"爱之屋回娘家"慰问活动，让各企业捐赠的爱心款帮扶到自己企业的计生困难员工。社区已募集企业爱心捐款4000元，"爱之屋回娘家"慰问企业贫困计生家庭4户。

"乐服务"细化工作服务方式

服务是时代的主题，也是禾盛社区人口卫生与计划生育工作的重中之重。社区进一步细化计生工作服务方式，不断提升服务管理水平。

1. 社区加大流动人口均等化服务投入和管理，利用重大纪念日、节假日开展各类宣传活动，拓展服务项目，提升流动人口对社区的认同感和归属感。辖区企业虹泰光学作为湖里区唯一一家流动人口卫生和计划生育基本公共服务均等化示范企业，街道为企业拨付工作经费 25000 元，专项用于对企业计生家庭的补助和奖励。社区深入企业进行宣传服务，并坚持创新服务方式，开展"人口学校进企业"知识讲座活动，把人口计生文化融入企业文化建设中，促进了企业文化与婚育文化的融合，推动了流动人口计生法律及健康保健意识的提升。

2. 广泛开展"乐养生"健康服务宣传。通过社区微信平台，把人口文化、健康知识巧妙融入其中，提高居民的健康素养水平。厦门市首批"健康管理网格化服务"试点工作，近期已在书香佳缘和古龙居住公园两个小区进行，社区网格员陪同禾山街道社区卫生服务中心医疗工作人员，分组入户进行健康体检服务，开展家庭医生入户签约活动。对居民健康进行动态管理，将有利于提高居民生活质量，降低医疗费，减轻家庭和社会负担。

"乐文化"倡导生育文明新风

社区坚持打造新型生育文化，营造出有利于开展人口卫生和计划生育工作的社会文化氛围。

1. 利用社区"乐成长文化苑"、"科普大学"及目前湖里区唯一一个注册的社区艺术团——禾盛馨雅艺术团等文化载体，寓教于乐，以群众喜闻乐见、易于接受的形式大力宣传计生政策，传播科学、文明、进步的新型婚育观念。培养计生队伍中的文艺骨干，开展葫芦丝、古筝、舞蹈等各类免费培训班，将计生工作人员和计生协会会员作为重点培训学员，组成一支专门的计生宣传队伍，多渠道开展宣传服务活动。

2. 社区结合"美丽厦门·共同缔造"活动宣传计生政策。小区的老人协会志愿者们自发组织成立了五支"美丽小区"督导队，不仅对小区绿化保洁卫生及治安安全等进行监督管理，同时协助社区计生部门做好计生宣传及访视工作。

3. 开展文明家庭标兵户和最美计生家庭的评选，发挥婚育新风示范带动作用。

"乐成长"促进幸福家庭建设

孩子传承着家庭的未来和希望，子女的教育关系着每个计生家庭的幸福生活。社区通过开展认领"爱之屋"储蓄罐、亲子国学班、书画培训班、纸雕艺术亲子互动体验、冬令营、夏令营等一系列宣传活动，使孩子们在成长中懂得奉献，学会开拓创新，培养孩子的道德风范和健康人格。

家长是孩子快乐成长的第一老师，为提高家庭发展能力，社区计生协会联合劳动保障部门专门针对辖区内未就业的育龄妇女开办育婴师、微信营销等培训班，让她们掌握一技之长，拓展就业渠道。

社区为使计生家庭在成长中切实享受到计生实惠，还为符合条件的 259 户计生家庭申请办理计生家庭意外伤害保险，增强家庭抵御风险的能力，努力营造家庭社会和谐的浓厚氛围，促进家庭温馨幸福。

计生服务站多措并举开展妇科病普查

王凤敏

为积极推进"生育文明·幸福家庭"促进计划，切实关心育龄妇女的身心健康，降低妇科病的发病率，提高辖区内流动人口计划生育均等化公共服务水平，湖里区计生服务站常年多措并举，开展辖区内流动人口妇科病的普查普治。

规范管理狠抓筛查。除了固定每年4月份开展为期一个月的妇科病普查专项活动外，计生站常年面向育龄妇女免费开展血常规检查、B超检查、乳腺检查、阴道检查等妇科病普查项目，并设立服务咨询热线电话，由站内各科室中高级职称技术人员负责提供生殖健康保健和艾滋病预防咨询等相关服务。同时，为参与普查的育龄妇女建立生殖健康档案，详细记录育龄妇女的生殖健康状况及体检结果。

转变方式狠抓效率。计生站根据流动人口的作息特点，调整、优化服务方式，全体职工放弃周末休息，加班加点组织辖区内街道企业流动人口育龄女职工到站内进行免费妇科病普查、普治；联合各街道以"爱自己就是爱健康"为主题，进辖区多个企业开展关爱流动人口生殖健康专项活动，在企业开展一系列生殖健康的咨询指导和义诊服务，并对进行检查的职工进行登记建卡、分类治疗、跟踪服务，充分关爱企业外来育龄女职工的身心健康。

加大宣传狠抓氛围。计生站定期组织站内技术人员参加湖里区"科普超市"进社区活动，在活动现场中为育龄妇女详细解答各类妇科问题，并发放宣传折页、避孕药具等相关宣传品，更好地为育龄群众提供生殖健康保健服务；与社区联合举办各类健康教育讲座，讲解妇科病现状、发病率及危害，普及广大育龄妇女生殖健康知识。

提升优质服务抓回访。对在我站进行妇科病普查的育龄妇女建立一套专业的生殖健康档案。计生站选派专门的技术人员采取动态管理，与社区计生技术人员挂钩合作，根据健康档案每年定期组织各个社区的育龄妇女进行体检，并对妇科病普查普治的效果进行回访，促进管理服务机制制度化、动态化、长效化。

开展居家养老服务　推动和谐社区建设

金尚社区　陈素珍

金尚社区隶属于厦门市湖里区江头街道,是一个纯居民社区,面积约 0.8 平方公里。社区现有 60 周岁以上老年人 1730 人,其中户籍老人 1338 人,80～89 岁年龄段 109 人,90～99 岁年龄段 24 人,1 位百岁老人,低保老人 12 人,低收入老人 78 人,残疾老人 36 人,空巢老人 47 人。为积极应对社会人口老龄化问题,顺应社会化养老形式发展的需要,根据社区实际情况,社区搭建平台关爱空巢,购买服务与志愿服务相结合模式,开展了居家养老服务试点工作。

一、主要做法

(一)整合资源,完善模式,深化社区老年服务工作

1. 成立了"金尚社区居家养老服务站"。我们成立了以社区主任为组长,9 名社区工作者为成员的居家养老服务工作协调小组,建立了社区居家养老服务站。配备了 1 名专职助老服务员,76 名助老志愿者,制定了金尚社区居家养老服务站职责、服务站工作人员职责、服务人员职责、服务审批流程等,实现制度化管理。

2. 深入细致地进行调查摸底,确定服务对象类型及服务内容。2015 年再次入户摸底调查,再次明确了各类型服务对象。现有

无偿服务对象 16 人，低偿服务对象 38 人，针对不同类型的老人采取不同的服务方式。我们制作发放了"金尚社区老年人养老情况调查问卷"，邀请党员代表、居民代表和老人协会代表等对象，召开"居家养老服务听评会"，将调查摸底收集到的第一手资料在会上进行研究分析和统计，根据老人需求和代表们提出的建议和意见，确定了居家养老服务的标准和内容。社区内的重点老年人，特别是"空巢"老人、高龄老人、病残老人，由志愿者上门开展服务，为老年人提供家庭病房护理、免费体检、心理疏导、家政服务、义务理发、志愿者陪伴外出游玩等项目，为老年朋友提供最方便最快捷的生活服务。

3. **成立社区助老志愿者服务队。** 社区志愿者分会专门组建了一支"助老志愿者服务队"，特别是针对空巢老人进行结对帮扶，为他们安装了"平安铃"，达成急有所助的目标，指导志愿者不定期地到被服务的老人家里，为他们提供打扫卫生、清洗空调、代购代买、精神慰藉、法律咨询等个性化服务。另外，我们还发动组织邻里志愿者们为各种类型的老人提供"一对一"或"多对一"的结对帮扶：每年初组织小小志愿者和华夏电力志愿者入户给空巢老人贴春联送年货；3 月 5 日组织志愿者开展广场便民服务；5 月份入户为空巢老人清洗空调等。2015 年上半年共组织助老志愿者入户 62 次。

4. **成立老年人健身文娱活动服务队。** 社区依托老年人协会组建了舞蹈队、南音社、合唱队、晨练队、乒乓球队、羽毛球队等十几支文体队伍，为老年朋友提供丰富的文体娱乐活动。这些队伍完全由老年人自我管理、自我服务，由社区提供练习场地、组织文艺演出，并提供一定的资金支持。2015 年上半年金尚老年舞蹈队的"快乐惠安女·幸福在湖里"的舞蹈在江头街道的比赛中获得一等奖，8月初代表街道参加湖里区第六届文化艺术节。

（二）引入政府购买服务，成立专业社工服务队

1. **引入专业社工服务队。** 引入政府购买服务，充分利用霞辉老年社会服务中心的专业社工队伍，进入社区根据老人的情况开展个性化的服务，解决社区所不能解决的专业老年社工问题。

2. **组建家庭病房。** "家庭病床"项目是针对社区的"三无"、孤寡、空巢、独居、残疾、低保等老人提供个案服务。目标是发掘老人潜能，发挥老人的作用，减轻老人病痛，提高家庭照顾水平，减轻照顾者压力，增强家庭照顾者之间的相互支持，实现长期居家养老的需要。专业的社工及护理人员每周入户为老人进行健康体检、护理培训、疾病健康咨询、心理健康咨询、精神慰藉等，时刻关注老人健康动态，建立无偿老人健康档案。目前社区内有十几户无偿服务老人得到家庭病房的护理。

3. **开展健康知识讲座。** 为老人每月开展一期健康知识讲座，如今每月的健康知识讲座都有一批固定的老年人前来参加，同时每期都能吸引到一些新学员的加入。我们的健康知识讲座以老年人常见疾病的预防及治疗、季节性疾病的预防为主，深受老年朋友们的欢迎。对于特殊家庭的老年人，我们采取个案介入帮助解决。

4. **开展康邻"高"人一族小组活动。** 社区根据老年人中高血压人群多的特点，开展了以高血压老人为群体的小组活动，活动从2月初至4月底共5节课，开展了康邻"高"人一族小组活动。在活动中老年人定期检查身体，聚在一起交流高血压用药情况，分享日常健康饮食，进行户外小游戏，搭建老年人互助支持网络，

小组共吸引了 14 名老年朋友。上半年的小组活动深得老年朋友的喜爱。

5. **新增"安居乐尚"服务项目。**社区自开展"安居乐尚"服务项目以来，设置了"变身安居"计划、家庭病房、安居学堂、康邻学堂、安居家园等内容，为老人提供居家安全的服务。组织人员进入老人家中指导如何安全居家，包括安全用电、正确使用煤气、浴室防滑、安全用药等内容。

（三）与社会养老机构合作，开办齐安金尚居家服务中心

1. **发挥社会力量，分担养老负担。**"公办养老院进不去，民办养老院住不起"，养老难是当前社会关注的热点，单靠社区专兼职工作人员是无法完成一个社区的老年人服务工作的，为此，我们充分发挥社会力量来开展老年人服务工作。

2. **充分发挥社区养老机构的力量提供老人服务。**社区与齐安门诊部合建了齐安金尚居家服务中心，开展日托、全托、爱心餐桌等服务，实现看护不出社区的愿景。合理收费，对无偿服务对象和低偿服务对象给予适当补贴，现有 26 张床位，基本能满足社区老人进入机构养老的需求。今年床位已满，共有 26 位老人居住，居住在小区内的家属每天都可到机构内看望老人，这在满足小区内老年人看护需求的同时也减轻了年轻人的负担。

现在金尚社区已经建立起一个比较完善的社区居家养老服务平台。通过充分挖掘和利用辖区内的服务资源，社区逐步建立了"政府主导、社会力量参与、社区进行监督管理"的服务方式，为老人提供了全方位、多层次的服务项目，多方努力实现居家养老工作。

PRF 在口腔种植牙中的应用

厦门市口腔医院种植三科

聂晶博士 / 科主任、李水根主任医师 / 副教授

随着老百姓经济水平的提高，大家对生活品质的要求也越来越高。牙缺失这种常见病对生活品质产生的严重影响，使得越来越多的人选择各种方式修复缺失牙。常见的修复方式包括活动义齿、固定义齿和种植义齿。其中，活动义齿费用最低，适用范围最广，绝大多数缺牙都可以通过活动义齿修复，且不需要或者仅需要调磨少量自己的牙。其缺点也非常明显，就是咀嚼效率比较低，有异物感，有可能出现戴不稳的情况，容易老化，并且需要每天拿下来进行清洁，使用起来比较麻烦。固定义齿是指在条件允许的情况下，通过调磨缺牙周围邻近牙，通过"搭桥"方法来修复缺失牙。固定义齿不需要每天拿下来清洁，咀嚼效率也比较高，但是会对邻近牙产生不可逆转的损害（调磨）。如果设计不当，固定义齿可能造成邻近牙松动甚至脱落。种植义齿是通过在骨内植入"人工牙根"——牙种植体，并在愈合期后，在种植体上部进行冠或桥的修复方式。其治疗周期较长，费用也较高，但是不会对周围牙产生不良影响，并且使用方便，无异物感，咀嚼效率最高，美观效果好。目前只要条件允许，牙医会推荐尽量选择种植修复的方式。

那么种植牙需要什么条件呢？简单来说，就是足够的空间，

足够的骨量,足够的牙龈。就如一盆栽在花盆中,要有足够的土壤,足够的生长空间,种植的基础就是要有质量保证的土壤。同理,种植牙重要的先决条件也是需要有足够的骨量。由于个体的解剖结构差异,牙缺失的原因及牙缺失的时间长短都直接导致了存在缺失牙区骨量的多少。特别是长期慢性炎症、外伤及先天缺牙的患者,其缺失牙区的骨量往往总是不足的,若拟行种植修复,就需要进行骨增量手术——最常见的是引导骨组织再生术(GBR)。GBR 的原理是采用膜材料的物理屏障作用阻止来自周围软组织的成纤维细胞,将骨缺损区与周围组织隔离,创造一个相对封闭的组织环境,让骨组织面处成骨细胞能有足够的时间增殖、重建骨组织。屏障膜是 GBR 成功的重要因素之一。目前常见的屏障膜包括可吸收膜和不可吸收膜两种,由于无须二次手术取出,可吸收膜的使用最为广泛。目前我院已引进最先进的 PRF 技术,可用于 GBR 中作为屏障膜,以及促进拔牙创的愈合。

什么是 PRF?

PRF(Platelet Rich Fibrin),即富血小板纤维蛋白,是一种完全取自于人体的,通过特殊技术获得的最新一代血液制品,是在上一代 PRP(富血小板血浆)的基础上研制开发出的一种新技术。PRF 有效地模拟了生理状态下血凝块中纤维蛋白的形成过程,无其他添加成分,避免了发生免疫排斥反应和传播疾病的风险。

PRF 能做什么?

PRF 在问世以来,已经成熟应用于临床多个领域,包括骨科、烧伤外科、泌尿外科和整形外科等等,经过 10 余年的临床检验和不断发展，已经积累了大量的临床循证医学证据来引导医生实际应用 PRF 技术。简单来说，PRF 技术可以应用于几乎所有涉及创口愈合及组织再生的领域。

PRF 有什么好处?

PRF 内含有接近 100% 的血小板和 65% 以上的白细胞，能够持续高效地释放细胞生长因子。这些生长因子可以有效地进行炎症调节，促进创伤愈合及组织修复再生。在保证生物功能的同时，制取的 PRF 因为完整保留了血液中天然的纤维蛋白网状结构，产品呈现凝胶状，有着良好的韧性，压制成膜后可以和软组织直接牵拉缝合，制成的团块可以进行拔牙窝洞的填充。

什么时候需要用 PRF?

PRF 完全提取于人体血液，其含有大量的生物活性成分（促进伤口愈合和组织再生，调节炎症抵抗感染），而生物骨粉和骨膜是人工制作或提炼的生物化学支架，使用过程中必须有含有各种细胞因子的血液充斥到这些支架中才能有效引导组织结构再生。骨粉骨膜有着良好的支撑效果，而 PRF 有良好的促进创伤修复和诱导组织再生的能力。在临床操作中，PRF 和生物骨粉骨膜是一种有效地相互补充的关系。可以根据实际情况单独使用 PRF 或者和骨粉骨膜联合使用。

PRF 的提取中病人需要做什么?

PRF 的提取过程中，患者只需要根据实际用量提供 20～160ml 血液即可，其他程序由手术助手在外操作完成。

早产儿视网膜病变，孕妈妈你知道多少

厦门市儿童医院

杨　晖　主任医师

早产儿出生早，身体结构发育欠佳，所以容易出现很多的疾病。视网膜病变就是早产儿最常见的疾病之一，也是儿童致盲的主要原因。那么孕妈妈们，你了解多少？

什么是早产儿视网膜病变？

早产儿视网膜病变是发生与早产儿或低体重儿的视网膜血管性疾病，主要原因是早产儿或低体重儿出生时视网膜发育仍不完善。在多种因素的影响下，视网膜形成新生血管，新生血管向玻璃体内增殖，牵拉视网膜引起视网膜的脱离，如果不及时治疗，就可能引起永久性的失明。

早产儿视网膜病变的原因

目前，胎龄和出生时的体重是早产儿视网膜病变一致公认的重要影响因素，胎龄越小，出生体重越低，早产儿视网膜病变的发生率越高，程度越严重。据统计，孕周低于 34 周，出生体重低于 1500 克，出生后有吸氧史的新生儿，视网膜病变的发生率约为 60%，孕期越短或出生体重越低者，发生率更是高达 66% ～ 82%。

此外，不合理的吸氧、多胎妊娠、孕妇在妊娠期间出现高血压或服用相关药物，以及胎儿发生过宫内感染等，都有可能增加早产儿视网膜病变的发病率。

早产儿视网膜病变的防治

重视早产儿视网膜病变的筛查，预防早产儿视网膜病变，关键在于早期检查、早期发现、早期治疗。这就需要医生的正确诊断和治疗，更需要家长的重视与配合。定期带孩子进行眼睛的体检、随访观察、及时的干预治疗，对孩子的视觉发育至关重要。因此目前主张对胎龄出生体重 <2000 克，出生孕周 <32 周的早产儿和低体重儿，应在出生后的 4 ～ 6 周或矫正胎龄 31 ～ 32 周开始进行眼底检查，以便做到早发现早治疗。

早产儿视网膜病变的治疗

对于 1 期、2 期的患儿，病变可自然推行，故密切观察即可。对于 3 期、4 期出现玻璃体牵拉，发生局部视网膜脱离的患儿，及时进行视网膜冷凝或光凝术，大部分患儿病情可以控制。对于 5 期发生全视网膜脱离的患儿，可进行巩膜环扎术或玻璃体切割术，但治疗有限，难以达到有用视力，目前最新治疗有眼内注射抗新生血管药物联合玻璃体切割术，可达到一定疗效，但仍存在一定争议。

人工流产与药物流产的利弊分析

湖里区计划生育服务站   简静芸

人工流产术是利用负压吸引器产生的负压通过吸管将妊娠物直接从宫内吸出，或利用卵圆钳等器械将其钳出，因此，其流产成功率高、出血少、手术时间短、效果好。但由于是应用器械在宫腔内进行手术，只能凭手指的感觉，不能直视，有其不可忽视的缺点，少数病人有可能发生并发症，有可能出现机械性损伤，如宫颈损伤、子宫穿孔，易导致医源性合并征如人流综合征、人流不全、术中出血过多、感染等，手术比较疼痛，部分妇女对人流有恐惧心理。

药物流产所用药物米非司酮是一种抗孕激素类药物，通过与孕激素受体结合而阻断孕激素的活性，使蜕膜变性坏死，内源性前列腺素释放而诱导流产，在此基础上使用伍米索前列醇使子宫收缩，促使妊娠物排出，因此，其流产所需时间较长。由于存在着对药物的敏感性、孕囊大小等多种影响因素，流产成功率不及人流术，而且部分患者阴道出血量较多，尤其是出血时间较长，有的虽孕囊完整排出，但由于部分蜕膜组织残留等原因而不得不进行清宫术。因而人流完全流产率明显高于药流，不全流产率则明显低于药流，但是，经过临床验证，药流仍不失为一种应用方便、痛苦小、副作用小、损伤小、效果好的流产方法，因而病人乐于接受。

　　总之，人工流产与药物流产，各有其优点与缺点，两者相辅相成，取长补短，尤其是药物流产的出现，彻底改变了过去终止早孕只能行器械性人流的单一方法，为医患双方提供了选择流产方法的机会。但是，在育龄期的妇女，一定要充分认识到避孕的重要性，以及流产对人体的危害，莫把流产当作避孕手段，一旦出现意外怀孕，应该根据自己的具体状况，密切配合医生进行终止妊娠，最大限度地保护自己的子宫。

自贸区对卫计部门职能转变的启示
暨立足本职适应转变的思考

禾山街道　　邱　昊

中国自由贸易试验区建设，是在我国依靠人口红利、投资和出口拉动的粗放模式保持经济高速增长已难以为继，以及适应国际环境、进一步提高政府行政效率的大背景下产生的。之所以冠以"中国"、"试验"的字样，说明它既是一个不断探索、改良的事物，同时也是一个继续深化、推广的事物。作为政府工作人员尤其是领导干部，必须深入领会才能辨明方向、保持清醒、夯实工作。笔者认为自贸区建设对卫生计生部门的职能转变具有三点启示。

一、负面清单的作用，即"法无禁止皆可为"，为卫生计生法规、规章制定提供了新思路

国务院自贸区负面清单，主要对涉及国家安全、金融稳定、能源与环境保护、公共秩序等15类50条122个项目内容进行了禁止或限制。我国行政区域广大，各级政府存在统得过死，部门分割导致信息流失、力量内耗、反应迟缓等问题。各级有时过于依赖文件，反而漠视法律、法规。负面清单管理模式既与国际惯例接轨，又有效增强行政透明度，减少行政成本和权力寻租。基层工作人员尤其是领导者，应充分理解这一模式，从简政放权的

角度思考应对经济新常态、管理新常态的问题。

当前，以卫生与计生合并为契机，我们需要做的工作：一是要转变观念，确立"法无禁止皆可为"的理念，进一步融合卫生计生工作，优化、简化部门法规，使卫生与计生服务相结合，以健康服务促进计生管理；二是要吃透法律、法规、行业规定的精神、要义，提前思考、梳理本部门、本行业的负面清单，使之系统化、全面化，为实行松散的审批、许可和严格的执法等做好思想、制度上的准备。这些工作尤其对具有行政规章制定权的机关更为重要。

二、准入制向报备制、事前审批向事中事后监管转变，要求行政体制上要深化变革

我国的行政审批制度产生于计划经济时代向市场经济时代转变过程中，当前审批制度主要存在各自为政、程序繁琐等问题，导致行政效率低下。自贸区建设要求政府在行政准入上要更快捷、更简便，在行政监管上要更严厉、更有效。个人认为，深圳市大部制改革即行政权三分，是提高行政效率的有效措施。具体措施应当是：决策由行政部门带领行业协会、基层代表完成，执行由行政部门组成专业队伍完成，监督由行政部门与第三方协作完成。

据相关资料，自贸区肩负的首要任务就是加快政府职能转变，具体措施包括：建立一口受理、综合审批和高效运作的服务模式；建立行业信息跟踪监管和归集的综合性评估机制；建立集中统一的市场监管综合执法体系；积极鼓励社会力量参与市场监督；提高行政透明度，完善体现投资者参与、符合国际规则的

信息公开机制；完善投资者权益保障机制以及建立知识产权纠纷调解援助等解决机制。第一、三项，综合审批、综合执法，必须由政府部门组成专业队伍依照法律、法规、规章来完成，他们需做的事就是严格依法审批、许可、报备以及征收、处罚等；第二、五项，行业信息跟踪、综合评估、体现投资者参与，则需政府部门牵头行业协会、基层代表参与完成，主要可体现在决策上也就是行政法规、规章的制订上；而四、六、七项，则主要是行政监督、权益保障问题，应由政府监察部门与第三方来协作完成，也就是说既有政府的评判也有第三方的监管，公信力才会增强。由此，我们就可以认识现在各级大力兴建行政服务中心的重要意义。这种行政体制是否具有科学性、是否是今后的发展方向，目前还不清楚。其实，综合执法的理念早已提出，但由于综合审批、监督到位等工作未能同时开展，且综合执法只是把难的综合了，所以发展受到很大制约。假如这一发展方向正确，那么我们当前要做的：一是要加强综合审批与执法的队伍建设，全面提高依法施政的综合能力，确保能够做到一口受理、综合审批与执法，把政策研究与审批、执法相对分离，确保法规制订与行业要求、基层需求相符。二是要大力支持和加强行业协会、第三方事业的进一步发展，鼓励行业协会积极开展课题调研，作为卫计部门，当前的医疗体制改革调研要立足基层开展，要逐步建立政府评估与第三方参与鉴定、评估的综合评判机制。

三、提高通关效率，实行优惠财税政策、离岸金融，告诉我们自由贸易、社会管理需进一步简政放权

简政放权，笔者认为不仅包括政府主导向市场主导转变，还包括上级向下级放权、政府向企事业单位放权。简政放权关键在于最大限度发挥市场、个体以及基层组织、基层单位的作用。简政放权，首先，观念上要真放，要在平稳的财税、金融制度下宏观调控经济增长，不唯 GDP 论，不随便干预、不随便刺激，要切实让市场经济发挥主导作用，政府部门只需专心搞好服务、指导公共事业发展即可；其次，还在于上级对下级的放权，既要加强上级对下级的政策指导，同时也要适当放权，做到"费随事走、权责一致"；再次，是政府对企事业单位的放权，要支持企事业单位发展公共服务事业，打破垄断式提供公共服务的形式，政府根据服务情况加以购买，提高企事业单位的自主、竞争意识。

当前，我市正在进行的深化分级诊疗制度改革，应立足于"简政放权"加强社区卫生服务中心建设。一是要坚持功能定位。把慢病治疗、康复治疗以及公共卫生服务等作为社区卫生服务中心的主要任务，根据任务制订设备和人员的配备标准。二是要坚持保障到位。按照"市、区为主，镇（街）补充"的思路建立分级保障的机制，市、区统筹安排财政资金和医保资金用于支持社区卫生服务中心建设，镇（街）约 3%～5% 年财政收入用于保障本辖区居民基本公共卫生服务。三是要坚持下放到位。按照社区卫生服务中心建设标准，在市、区给予足够资金投入用于前期基建和设备采购以及每年按人口数下拨资金，在规划布局、功能规模上把好关的基础上，激发镇（街）、村（居）主体意识，使之参与公共卫生事业的建设。四是要坚持考评到位。建立综合评估机制，对社区卫生服务中心公共卫生服务覆盖率、家庭医生签约率、双向转诊的成效等，邀请专家和第三方进行半年和年度评估、鉴定。五是要坚持激励到位。建立社区卫生服务中心主任负责制，医生、护士、健康管理师组成团队，坐诊与巡诊相结合深入社区网格开展公共卫生服务工作，按服务成效发放一定绩效奖金。总而言之，社区卫生服务中心的建设，个人认为应按照"前期政府投入、后期购买服务"、"分级保障、自主管理"的模式，才能确保具备活力和提升服务质量。

六种父爱：名人怎样做父亲

文章来源：新京报

鲁迅：用报纸打屁股

在儿子成长过程中，鲁迅基本按照《我们现在怎样做父亲》的思想来实行，让孩子"完全的解放"，其中又说："我现在心以为然的，便只是爱。"据周海婴所著《鲁迅与我七十年》介绍，鲁迅的教育方式是"顺其自然，极力不多给他打击，甚或不愿拂逆他的喜爱，除非在极不能容忍，极不合理的某一程度之内"。有一天，儿子周海婴死活不肯去上学，鲁迅用报纸打他屁股。后来，鲁迅向母亲写信解释道："打起来，声音虽然响，却不痛的。"这足以显示出父爱来了。

1936 年 10 月 19 日，鲁迅去世。次日，天津《大公报》发表了他的遗嘱，其中第五条写道："孩子长大，倘无才能，可寻点小事情过活，万不可去做空头文学家或美术家。"周海婴正是这样做的，他毕业于北京大学核物理系，成为无线电专家，一生"做一个实实在在的普通人"。

钱基博：做仁人君子比做名士要紧

钱基博乃一代国学大师，是学者、作家钱锺书的父亲。据说，钱锺书周岁时"抓周"，小手没有抓玩具，没有抓糖果，没有抓铜钱，而是抓起了一本书，钱基博自己喜好读书，"于车尘马足间，也总手执一卷"，因而喜出望外，取其名为"锺书"。

钱锺书出生后出嗣给伯父钱基成，伯父上午带他上茶馆、听说书，四处闲走，下午才授课，锺书玩得开心。1920 年，伯父去世后，由钱基博直接进行教育，钱锺书慢慢开始潜心读书。

钱基博对儿子管教极严，钱锺书 16 岁时，还曾被痛打一顿。1926 年秋至次年夏天，钱基博北上清华任教，寒假没回无锡，此时的钱锺书正读中学，没有温习课本，而是一头扎进了小说的世界。等父亲回来考问功课，钱锺书过不了关，于是挨了打。此后，他才真正奋发读书，为日后治学打下了"童子功"。

1929 年，钱锺书考入清华大学外文系后，钱基博还时常写信给他。一封信中说，"做一仁人君子，比做一名士尤切要"。随后一封信则表示："现在外间物论，谓汝文章胜我，学问过我，我固心喜；然不如人称汝笃实过我力行过我，我尤心慰。"希望钱锺书能"淡泊明志，宁静致远，我望汝为诸葛公、陶渊明；不喜汝为胡适之、徐志摩"。

梁启超：求学问不是求文凭

梁启超有 9 个子女，在他的教育、引导下，个个成为某一领域的专家，甚至还产生了"一门三院士"的佳话。这"三院士"是建筑学家梁思成、考古学家梁思永、火箭控制系统专家梁思礼。另外，四儿子梁思达是经济学家，次女梁思庄是图书馆学家，三女儿梁思懿是社会活动家。

阅读《梁启超家书》，可以了解梁启超对于子女的爱是全方位的，不仅在求学，在为人处世，甚至理财、时政等诸多方面，皆以平和、平等的态度展开，堪称教育子女的典范。

写信时，梁启超毫不掩饰自己的爱。1927 年 6 月的一封信中，他写道："你们须知你爹爹是最富于感情的人，对于你们的爱情，十二分热烈。你们无论功课若何忙迫，最少隔个把月总要来一封信，便几个字报报平安也好。"

在求学这一方面，梁启超根本不看重文凭，而是强调打好基础，掌握好"火候"。他对梁思庄说："未能立进大学，这有什么要紧，'求学问不是求文凭'，总要把墙基越筑得厚越好。"并教孩子们求学问、做学问的方法——"总要'猛火炖'和'慢火炖'两种工作循环交互着用去"。

同时，梁启超强调责任的重要。1923 年，他写给长女梁思顺的信中说："天下事业无所谓大小，只要在自己责任内，尽自己力量做去，便是第一等人物。"

梁漱溟：补考通知单只瞟一眼

梁漱溟育有梁培宽、梁培恕二子，对于他们，给予最大自由空间。接受采访时，梁培恕说："我们受到的可能是最自由的教育，拥有了别人没有的最大的自主权。"这种教育，也与梁漱溟受到梁济的影响有关，梁济对他就是"信任且放任"的。可以说，这也是一种"中国式传家"。

梁培宽追忆道，一次考试，他考了 59 分，忐忑地拿着补考通知给父亲看。"他只看了一眼，就又还给了我。"梁培宽说，他后来明白父亲的用意，"自己的事情自己负责"。

相比于课堂成绩，梁漱溟更在意教人过社会生活。"唯人类生活仍需要教育，然教育徒为生活而已，将以为人类生命之无限发展焉。"在《教育与人生》一书中，梁漱溟一再强调"生活本身的教育"。

胡适：平时不亲热，只知责怪

胡适婚后忙于公务，无暇顾及两个儿子。妻子江冬秀仅读了几年私塾，又酷爱打牌，对于孩子的管教，少投入精力，不甚得法。

在家庭教育中，胡适虽然倡导"独立、合群、重学"，但自身也有不懂得如何爱孩子的嫌疑。1930年，胡适接到学校发来的"成绩欠佳"的报告单，怒斥胡祖望："你的成绩有八个"4"，这是最坏的成绩。你不觉得可耻吗？"

最终，胡祖望虽然上过大学，但远未达到胡适对他的期望；胡思杜读了两所大学都未能毕业，却染上了不少坏习气。晚年，胡适对秘书说："娶太太，一定要受过高等教育的；受了高等教育的太太，就是别的方面有缺点，但对子女一定会好好管理教养的。母亲有耐心，孩子没有教不好的；孩子教不好，那是做母亲的没有耐心的关系。"可谓沉痛之语，意味深长。

在给江冬秀的信中，胡适亦自我反省道："我真有点不配做老子。平时不同他们亲热，只晓得责怪他们功课不好，习气不好。祖望你交给我，不要骂他，要同他做朋友。"

丰子恺：反对培养"小大人"

丰子恺育有七个子女，他认为童年是人生的黄金时代，极力反对把孩子培养成"小大人"，专门创作了一幅讽刺漫画《小大人》，缘起是他曾看见：男孩被父母穿上小长袍马褂，戴上小铜盆帽，教他学父亲走路；女孩被父母带到理发店里去烫头发，在脸上涂脂抹粉，教她学母亲一样。在丰子恺眼中，这样的"小大人"简直是"畸形发育的怪人"。

在生活中，丰子恺称外出做事为"无聊"，和孩子们在一起则内心充满欢喜，抱孩子，喂孩子吃饭，唱小曲逗孩子，画画引孩子笑，和孩子们特别亲近。有一次，长子瞻瞻要丰子恺抱他到车站去买香蕉，"满满地擒了两手回来"，到家时，却熟睡在父亲肩头，手里的香蕉早已不知去向。丰子恺在《给我的孩子们》一文中感叹："这是何等可佩服的真率、自然与热情！大人间的所谓'沉默'、'含蓄'、'深刻'的美德，比起你来，全是不自然的、病的、伪的！"

接受采访时，丰家"老六"丰一吟说："爸爸特别反对家长按照成人的观念去干预孩子，他从不要求孩子们做什么，在我们成长的过程中，任由我们根据兴趣发展。"丰一吟读完初一，"不想读了"，丰子恺送她去学美术，但丰一吟没有什么兴趣，在学校，别人学绘画，她逃课去学唱京剧，"父亲没有怪我，还去看过我的京剧表演"。

除了让孩子在爱的空气中自由成长，丰子恺还重视培养孩子的独立精神。1947年，他步入知天命之年，与子女"约法"，强调最多的便是"独立"，其中一条写道："大学毕业后，子女各自独立生活，并无供养父母之义务，父母亦更无供给子女之义务。"同时，子女独立后，要与父母分居，"双方同意而同居者，皆属邻谊性质，绝非义务"。

童言无忌

1. 脑筋急转弯

晚上，我和小女儿在客厅看电视，老公在卧室上网。我有点渴了，就喊道："老公，拿瓶可乐给我。"

老公连忙跑去拿了瓶可乐给我，然后又跑回卧室上网，这时，女儿也喊道："爸爸，我也要喝。"

老公不耐烦的说："自己拿！"

女儿愣了一下，改口喊道："老公，拿瓶可乐给我。"

2. 用词不当

老师："莉莉，你的毛病就是用词不当。现在考考你，请用一句话来形容我很开心。"

莉莉："老师正在含笑九泉。"

3. 表扬

儿子："妈妈，家长会上老师表扬我没有？"

妈妈："没有，听了半天也没有听到你的名字。"

儿子："那老师念完同学的名字后说'等等'没有？"

妈妈："说了。"

儿子："那不是表扬了我吗？我就在'等等'里头！"

4．造句

上语文课时，老师让同学用新学的成语"愁眉苦脸"和"笑逐颜开"造一个句子。

豆豆抢答道："每个月发工资时，爸爸总是愁眉苦脸地把钱交给妈妈，妈妈笑逐颜开地数钱。"

5．共同语言

老师："你这篇作文怎么前后风格、语调完全不同呢？"

学生："我爸爸和我妈妈根本就没有共同语言。"

6．退休人员

小姑娘指着晨练的老人问："为什么他们能天天到公园来玩？"

奶奶："因为他们是退休人员。"

小姑娘："我长大后也要当退休人员。"

7．父母的职业

宝宝妈妈是妇产科医生，爸爸是儿科医生。一天，同学问他："你爸爸妈妈是做什么的？"

宝宝说："我妈妈是生产孩子的，我爸爸是修理孩子的。"

8．找妈妈

多多与妈妈上街，结果妈妈把多多弄丢了。多多哭着问街上的阿姨："有没有看见我妈妈？我妈妈身边带着多多！"

阿姨问："你叫什么名字啊？"

多多："我就是多多呀！"

老年生活五大定律

面对大量的养生保健知识，很多老年人都有辨不清、记不住等多种苦恼。其实，只要掌握合理的生活定律，就能基本保障健康生活。

饮食定律：红黄绿白黑

老年人饮食，除了要做到膳食平衡、少食多餐、控盐限油、细嚼慢咽外，还可以适当多吃"红黄绿白黑"五种保健食物。"红"是指富含酚类物质的红葡萄酒，它有很好的抗氧化作用，能预防心脑血管疾病，每天饮用 50～100ml 为宜，但患有慢性肝病和胃病的老人不适合饮用；"黄"是指富含 β－胡萝卜素的胡萝卜，它能提高免疫力、保护视力、滋润皮肤，用胡萝卜做馅包饺子或蒸包子，营养更易吸收；"绿"是指龙井、碧螺春等绿茶，它们富含茶多酚等防癌成分，含量是其他茶叶的 5 倍，但饮茶时应避免过烫过浓，以每天三四杯为宜，神经衰弱的老人应适当减量；"白"是指富含 β－葡聚糖的燕麦，它能降低血液中的低密度脂蛋白（"坏"胆固醇），还可以预防便秘和肠癌，最好煮着吃；"黑"是指富含木耳多糖的黑木耳，它有利于降血脂、降血糖、抗血栓、抗辐射、抗溃疡，最好凉拌吃，但手术、拔牙前后等有出血倾向的人不要大量食用，脾胃虚寒者也少吃。而西红柿、南瓜、绿叶菜、白萝卜、黑芝麻等同样颜色的食物也是不错的选择。

运动定律：散步"三五一七"

散步不受时间和场地限制，是最适合老年人的运动。国外研究证实，散步作为有氧运动，消耗的能量与慢跑接近，经常散步可有效预防糖尿病、脑卒中等严重影响老人生活质量的疾病。老年人应养成散步的习惯，要保证每次步行 30 分钟，每周 5 次。为防止运动过量，老年人运动时的年龄加上每分钟心跳次数的总和，最好不要超过 170。此外，老人晨练不宜起得太早，特别是冬天，室外温度低，易诱发心脑血管急症；容易出现低血糖的老人，运动时最好随身携带糖或蛋糕，以便及时补充能量，平衡血糖。

家居定律：干、平、稳

老年人跌倒的发生率在 15%～40% 之间，年龄越大风险越大。老人跌倒受伤更重，容易导致骨折、脑出血等，会大大降低生活质量。因此，老年人在生活中防滑、防磕绊非常重要。老人住所要特殊布置，卫生间和厨房的地面一定要保持干燥，不能有油或水，浴室和厕所最好干湿分离；卧室中床的高度最好和坐下时膝盖的高度相平，以 40cm 左右为宜，床头最好放盏灯光柔和的小灯，起夜时伸手可及；浴缸、马桶、洗漱台旁最好安装扶手，客厅中的椅子或沙发最好有椅背和扶手，以帮助老人站稳。

心理定律：自信乐观爱时髦

人的心理也会衰老，自卑、较真、多疑、爱生气等就是心理衰老的表现。自信、乐观、保持好奇心是营造快乐老年生活的重要因素。如果老人缺乏自信、乐观的心态，体内被称为"压力激素"的皮质醇含量就会增加，从而升高血压和血糖水平。相反，自信、乐观的老人身体免疫力更高，患心脑血管疾病的风险大大降低。有研究发现，喜欢新鲜事物的人脑力更好。老人获得好心态有三个途径：培养兴趣爱好，从中找到自信和乐趣；敢于接触新鲜事物，争当时髦老人；走出家庭小圈子，经常外出旅游或参加集体活动，多结交新朋友。

抗病定律：监测指标，不信神药

我国患有慢性病的老人高达八成，主要包括心脑血管疾病、腰颈椎疾病等。如何科学、有效地对抗疾病，也要遵循一定的定律。老人抗病要掌握四原则：经专业医生诊断，在指导下用药，定时定量；定期监测各项指标，了解治疗效果，以便不断调整方案；不要轻信包治百病的"神药"或保健品，购买前最好征询医生意见；抗病需要积极乐观的心态，只要遵循科学的治疗，并改变不良生活方式，大多数慢性病可以得到有效控制。

（湖里区疾病预防控制中心供稿）

马铃薯是预防糖尿病等慢性病的食品

马铃薯，又名土豆，因酷似马铃铛而得名，此称呼最早见于康熙年间的《松溪县志食货》。我国东北称土豆，华北称山药蛋，西北和两湖地区称洋芋，江浙一带称洋番芋或洋山芋，广东称之为薯仔。鉴于名字的混乱，植物学家才给它取了个通用名——马铃薯。

马铃薯有着自己的独特性：一是，与小麦、玉米、水稻相比，马铃薯全粉储藏时间更长，在常温下可储存15年以上，一些国家把马铃薯全粉列为战略储备粮；二是，马铃薯富含膳食纤维，脂肪含量低，有利于控制体重增长、预防糖尿病等慢性疾病。

马铃薯的营养成分丰富，100克马铃薯中含能量318千焦耳，9%～20%的碳水化合物，1.5%～2.3%的蛋白质，脂肪含量低，只有0.1%～1.1%。除含有丰富的钾外，还含有钙、磷、铁、碘等矿物质，胡萝卜素、B族等维生素的含量也比较丰富。

土豆的做法很多，五花八门，炒土豆丝、土豆泥、土豆饼、炸薯条、红烧土豆、土豆炖菜、烤土豆片等，还有用土豆来做包子馅的。吃土豆要去皮吃，有芽眼的地方一定要挖去，以免中毒；切好的土豆丝或片不能长时间浸泡，泡太久会造成水溶性维生素等营养流失；不要买皮的颜色发青和发芽的土豆，以免龙葵素中毒。

除了马铃薯外，薯类还包括甘薯（又称红薯、白薯、山芋、地瓜等）、木薯（又称树薯、木番薯）和芋薯（芋头、山药）等。

《中国居民膳食指南》中建议适当增加薯类摄入，每周吃 5 次左右，每次摄入 50 ~ 100g。在烹调方式方面，建议薯类最好用蒸、煮、烤的方式，可以保留较多的营养素。尽量少用油炸方式，从而减少食物中油和盐的含量。同时指出，由于薯类蛋白质含量偏低，儿童长期过多食用，会对其生长发育不利。

（湖里区疾病预防控制中心供稿）